教育研究基础理论与案例分析

韩　颖　主编

中国农业出版社
农村读物出版社
北　京

前言

　　教育活动与人类文明同步发展至今，已有几千年的历史了。从古代社会的经验性教育到现代社会多层次、多元化、多类型的学校教育，教育活动经历了日新月异的变化。这些变化是对教育活动反思的结果，教育研究则是反思教育活动的必然需求。教育本身属于经验性活动，在反思过程中对其性质、特点、过程和规律所做的理性分析构成了教育研究的基本内容。在人类漫长的教育史上，古今中外所涌现的著名教育家不胜枚举。他们所提出的诸多精辟教育理论和见解，不仅是对教育意义和教育规律的深刻认识，而且是推动教育改革的重要依据。可以说，没有教育研究，就没有教育理论。

　　近年来，不少教育理论研究者都注意到了教育研究的重要性，也提出了不少建议和意见，但总体上来说还没有或很少有专门为大学生的教育教学编撰的教材，不能充分满足广大师范生的实际需要。由于师范生尚未真正接触教育实践，因此全书着重介绍了教育研究的基本方法和步骤，具有较强的启蒙性。考虑到教育研究来源于教育教学实践，作者在编写本教材过程中从教育实践的视角出发，力求回应和解决教育研究中的问题和疑惑，具有较强的实践性和操作性。

本书共分为6章。第一章为教育研究概述，讲述了教育研究的基本理论知识，这部分的主要内容包括教育研究的基本含义与类型、教育研究的基本管理和过程以及研究的理论选择。第二章介绍了教育研究课题的确定，包括课题的选择、课题的设计、课题的论证及课题的申报等。第三章介绍了文献的查阅与综述。第四章讲解了教育研究的常用方法，包括教育观察法、教育调查法、行动研究法、个案研究法和经验总结法等。第五章对教育研究资料的整理与定性、定量分析进行了说明。第六章为教育研究成果的撰写，其中包含成果的形式、表述类型、总体要求及报告撰写的实际方法等。

在本书的编写过程中，力争体现以下特色：第一，可读性。叙述要尽量通俗易懂。第二，实用性。学以致用是编写的宗旨之一。第三，针对性。主要针对教育教学的实际需要，希望通过对这些研究分析提供一个思路，为广大读者打开一扇开展教育教学研究之门。

本书在编写过程中参阅了许多同行的著作和研究成果，在此向所有研究成果的所有者表示衷心的感谢。由于编者水平有限，书中难免存在疏漏之处，恳请广大读者批评指正。

编者

2023年3月

目 录

∵

第一章//
教育研究概述

教育研究不仅是专职教育研究者的主要活动，也是其他从事教育工作的人应该具备的一项基本素质。正确使用科学方法进行教育问题的探讨，可以帮助我们获得较为可靠的解决问题的办法，体会到科学研究的精妙之处。

第一节　教育研究的含义类型

开展教育研究首先要了解和懂得什么是教育研究。《中国大百科全书·教育》解释为："教育研究是研究教育规律的各门教育学科的总称。"[①] 作为研究教育规律、原理、方法的教育学是教育研究的基础学科，而这一基础学科因研究和教学需要及教育对象的不同，对教育研究知识体系进行了人为的逻辑分类，分为学前教育学、普通教育学、高等教育学、职业教育与成人教育学、特殊儿童教育学、比较教育学等。通常所讲的教育学一般指普通教育学，其二级学科有教育学原理、课程与教学论、教育史、学前教育学、高等教育学、成人教育学、职业教育学、特殊教育学和教育技术学

---

① 中国大百科全书总编辑委员会．中国大百科全书·教育［M］．北京：中国大百科全书出版社，2009．

等。随着现代教育学的丰富与发展，将来还会衍生出新的教育学。教育研究者要进行教育研究活动，就必须对教育研究活动本身有一个比较明确的认识。当计划启动一项研究活动时，研究者应当清楚自己所做的工作算不算科学研究，属于哪种类型的科学研究，并能按照教育研究的基本过程循序渐进地开展工作。

一、 教育研究的含义

教育研究是什么？这是从事教育研究的前提性问题，也是学习教育研究方法需要解决的基础性问题。对教育研究活动的认定和解释需要从人们解决问题和获取知识的途径入手。试想一下，如果在生活中面临一些需要解决的问题，应该怎么办？比如，可以听取别人的意见，可以从自己原来的经验中找出一些线索，也可以开动脑筋仔细辨别和选择解决问题的可能方法，而这些均属于个体经验。如果问题得以解决，这些解决问题的方法和思路就会融入知识经验，成为个人成长的一部分，让个人得以逐渐成熟。而如果把人类文明的进程比作个体成长经历的话，那么实际上在相当长一段时间内，人类的成长和进步都是靠这种经验的积累来完成的，只是到近代科学研究活动产生以后，人类文明的进程才迎来一个全新的时期。

那么，科学研究和上述这些解决问题和获取知识的途径到底有何不同？科学研究是什么？简单地说，科学研究就是一套既定的程序和方法，是获取知识的多种方法中的一种。如果辩证地去看的话，科学研究应包括上述可能的途径和方法，但并不局限于这些途径和方法。教育研究作为科学研究体系的一个构成部分，首先，应是一项科学研究活动，其次，还会由于研究对象的差异而与其他科学研究活动有所区别，但肯定属于科学研究的范畴。由此，根据科学研究的属性和教育研究对象的特殊性，可以把教育研究界定为研究人员自觉地、有目的、有计划地遵循一定的方式和程序，以教育现象、教育存在为研究对象，以揭示教育规律、寻求有效教育教学方式和途径为目的的科学探究活动。要正确理解教育研究的含义，须注意以下两个方面的问题：

（一） 教育研究是一种自觉的科学认识活动

教育研究作为一种科学认识活动，不同于日常生活或教育工作中的一般认识活动。随着教学经验的积累，会逐渐在日常教育教学工作中形成对教育教学的认识和看法，但这种认识和看法是一种个体经验或自发性经验，带有较大的片面性和不深刻性。一般来说，这种基于个体经验的认识可能是正确的，也可能是错误的。例如，一位教师在自己的教学实践中形成了这样一种认识：在高年级学生中，女生比男生聪明。该教师是基于自己所带班级学生的期末考试女生的成绩常常高于男生的成绩而得出这一结论的。从科学研究的角度来看，这位教师的认识至少存在以下几个问题：①该教师以自己所带班级学生作为样本，而他们能否代表高年级学生总体是值得怀疑的；②人是否聪明问题是一个智力问题，该教师判断学生智力高低使用的工具或标准是学业测验，这种工具或标准的效度是有问题的；③对于女生和男生成绩存在差异的问题，该教师仅仅靠个体经验进行判断，没有进行统计学上的差异显著性检验，因而该教师的认识在很大程度上可能是错误的。

作为一种自觉的科学认识活动，教育研究需要认真地提出研究问题，并以系统的教育研究通常采用的方法寻找问题的答案。这种认识过程必须遵循一定的认识逻辑，其认识结果的表述也必须严密，符合逻辑。教育研究作为一种科学认识活动，比日常教学工作中的经验性认识更全面、更深刻，因而也更符合问题解决的实际。仍然以前面提到的"教师"为例，假如要回答女生和男生谁更聪明的问题，首先，需要对研究的问题进行澄清，对有关核心概念进行界定，如有关"智力"的概念；其次，要明确研究的对象，并采用科学的抽样方法进行抽样；此后，还要选取效度和信度较高的智力量表对样本进行施测，并用统计学方法对女生和男生的智商分数进行差异显著性检验。这样得出的结论要比依据个人经验形成的认识更可靠、更正确，认识的真理度更高。当然，需要说明的是，上述例子中研究活动的展开主要采用的是量化研究的思路，对于该问题的解决，还可以采用其他可能的研究思路，如"质化研究"。但不管如何，"提出假设——检验假设——得出结论"的基本思路还是需要遵循的。

（二） 教育研究既是一种发现， 也是一种创造

教育研究的主要任务是探索教育现象，揭示教育规律，形成教育理论。这种揭示教育规律，形成教育理论就是一种认识、一种发现。从整个教育体系来看，对教育的本质、教育的基本规律及德育规律、智育规律、教学规律、班级管理规律等的研究都是一种发现和认识活动。但教育研究活动的开展并不止于此，还要进行创造性活动。需要说明的是，这种创造并不是创造规律、创造理论，而是为了提高教育质量、教学效率创造新途径、新方法和新技术，在最大限度上帮助教育者完成"教书育人"的工作。教育研究不但要为人们认识教育、理解教育提供系统的理论知识，还要为人们控制教育、改造教育提供多种多样的程序性、操作性知识。例如，在与教学活动有着直接关联的教学论研究中，研究者不仅要回答教学的本质和规律问题，还要探讨有效教学问题，尝试提出某种新的教学模式、教学方法，并采用科学的方法和程序进行验证和检验。

以上对教育研究的界定进行了概括性的总结，有助于对教育研究形成一个初步的认识，但科学研究活动是人类有史以来认识活动的一次极大提升，论说和叙述都难以表达其精妙所在，只有踏踏实实地尝试进行一项或多项科研活动，才能对其有较为深刻的认识，捕捉人类高级思维的价值。

二、 教育研究的类型

从一定意义上讲，教育活动是人类有史以来最庞大、最系统的一项改造活动，不管是有意识或是无意识，社会、团体或家庭总会按照某种价值观念对其所属个体进行系统性影响，以促进其成长、成熟为符合某种要求

和标准的个体。在这个过程中，教育问题就会呈现出多样性，教育现象也由此变得复杂，教育研究活动本身也是复杂多样的。因此，对教育研究活动进行分类，有利于对教育研究形成更为清晰的认识。如果说对教育研究含义的理解是对教育研究的抽象认识的话，那么，对教育研究类型的了解则会使人们对教育研究的认识由抽象返回具体。教育研究的分类有以下几种常见的方式：

（一） 操作性研究、 描述性研究和解释性研究

教育研究本身是一项较为复杂的探索性活动，但就某项具体的研究活动而言，其在回答教育问题、形成教育认识方面会表现出不同的抽象水平和层次。例如，某些调查研究只是说明某种事实，并不试图解释这种事实背后的原因。由此，根据研究的抽象水平和层次不同，可以把教育研究分为操作性研究、描述性研究和解释性研究。

1. 操作性研究

操作性研究并不产生对教育现象和问题的新认识，一般对教育理论的发展完善没有直接的贡献。操作性研究可以创造新的教育研究事实，它以为实践提供活动程序、方法、措施等操作性知识为主要特征。例如，在实施素质教育的过程中会探讨某种素质教育的途径；在促进教学效果和提高教学效率的研究中会对某种教学模式和教学方法进行探讨。操作性研究通常回答的是"怎么办"一类的问题，这类研究虽不产生新的理论，但却常常以已有的理论为前提，来演绎、建构解决实际教育问题的操作性知识。

2. 描述性研究

描述性研究是对教育现象的比较感性的认识，可以发现新的教育事实。描述性研究通常回答的是"是什么""怎么样"一类的问题。例如，对中学生各科学习成绩进行相关研究发现，中学生的数学成绩与物理成绩存在较高的正相关；关于对某部属师范院校在校学生的调查发现，免费师范生农村生源的比例远高于非师范生。描述性研究可以发现事物间的关系，为人

们提供关于教育的新认识，可以丰富教育研究理论。但由于描述性研究没有提供教育现象之所以发生、存在的深层原因，其所获得的教育认识比较浅层，不能使人们充分解释或理解各种教育现象。

3. 解释性研究

解释性研究是在描述性研究基础上所进行的更高层次的研究，以探明教育现象发生的原因为主旨。与描述性研究相比，解释性研究主要回答"为什么"的问题，其所提供的理论可以使人们更好地认识和理解教育问题。例如，"学习迁移理论"可以较好地解释"中学生的数学成绩与物理成绩存在较高的正相关"的原因；"师范生免费教育政策"对农村生源的吸引则可以较好地解释"免费师范生农村生源的比例远高于非师范生"的现象。

操作性研究、描述性研究和解释性研究的划分只是一种相对的划分，它们既可以相对独立，也可以在一项较大的研究活动中统一起来。操作性研究、描述性研究和解释性研究具有相互依赖、相辅相成的关系，操作性研究、描述性研究有赖于解释性研究来提高，而解释性研究必须以操作性研究和描述性研究为基础或前提。需要指出的是，虽然可以从"抽象水平和层次不同"对某些研究进行分类，但并不意味着抽象水平和层次低的研究就是"差"的研究，抽象水平和层次高的研究就是"好"的研究，研究的好坏需从是否解决和回答问题，是否遵循科学研究思路去评判。

（二） 基础研究和应用研究

按照研究的目的和功能不同，可以把教育研究划分为基础研究和应用研究。也有学者在此标准下，把教育研究划分为发展研究、评价研究和预测研究。但在笔者看来，发展研究、评价研究和预测研究都可归入应用研究，它们都属于教育研究理论在不同方面的应用性探索。

1. 基础研究

基础研究（也可称理论研究）是以揭示教育现象的本质和规律，形成新的科学认识，以发展、丰富或修正、完善教育理论为主旨的教育研究探索活动。基础研究的研究成果表现为一定的理论形态，对教育实践中的现实问题一般不提供现成的解决方案和操作性、程序性知识，但可以加深人们对教育现象、教育问题的理解和认识，并为制订解决实际问题的方案和方法提供理论依据或理论指导。例如，对教育本质和教育规律的研究，对教学规律和学习理论的研究都属于基础研究。基础研究的成果会间接地影响人们的教育实践。例如，教学过程是一种特殊的认识活动，教学过程是一种特殊的交往活动，教学是主体间的指导性学习等。这些对教学本质的不同的理论认识，会广泛而间接地影响人们的教学行为。

2. 应用研究

应用研究是以改善教育实践活动，提高教育质量和效率而寻求教育对策、制订教育方案、创新教育方式和方法等为主旨的教育研究活动。应用研究着眼于教育实践中的现实问题，应用性研究的成果表现为一系列的解决教育实际问题的方案、途径、措施、工作模式和教育教学方法等操作性知识，以及开发的教育教学课件、教材、学习辅助材料等。应用性研究主要是一种技术性研究，它主要解决教育教学的"工程技术"和"工具材料"等问题。例如，"学生厌学对策研究"就是一项应用研究。

基础性研究和应用性研究的划分也是相对的，教育研究中的应用研究和基础研究也不如自然科学研究中那样界限分明。教育研究中的应用研究和基础研究只是研究的侧重点不同。在一个较大的研究项目中，基础研究和应用研究往往是统一在一起的，可以称为综合性研究。此外，基础研究与应用研究具有密切的关系，它们的关系是理论与实践的关系。基础研究为应用研究提供理论依据和指导，而应用研究则可对理论进行检验或修正，并可为基础研究提出新的问题和方向，以推动基础研究深入开展。

（三） 定量研究和定性研究

根据所获研究资料的性质和分析研究资料的方法不同，可以将教育研究分为定量研究和定性研究。定量研究和定性研究是两种不同的哲学方法论取向的研究范式，前者是科学主义研究范式，后者则是人文主义研究范式。

1. 定量研究

定量研究（也称量的研究）是指对教育教学现象可以量化的部分进行测量，获取量化资料，并用统计方法加以分析，以检验某种理论假设的准确性或对某种教育现象进行数量描述的一类研究。在后面专题所讲的教育研究方法中，实验研究是典型的定量研究，结构性问卷调查、结构性教育观察、内容分析法等也都属于定量研究。以实验研究为例，研究对象的前测和后测数据是主要的量化研究数据；对这些数据的整理分析，既要运用描述统计方法计算平均分、标准差，又要运用推断统计方法进行总体平均数差异的显著性检验。定量研究的主要优点是研究的客观性和精确性较高。

2. 定性研究

定性研究（也称质的研究）是在自然情境下采用多种资料收集方式，对教育教学进行整体性探究，使用归纳法分析资料和形成理论的一类研究活动。参与观察或开放式观察及叙事研究都是典型的定性研究。例如，利用非结构观察法研究初中一年级的语文课堂教学，可以做课堂观察笔记、录音录像等，对教室的环境条件、教学设备、教师的教学行为以及学生的课堂行为做尽量全面的观察和记录，然后对所获得的资料进行仔细阅读、分析、归类和概括。定性研究的主要优点是通过对研究对象描述的整体性和过程性来获得关于对象的比较详细、全面的丰富资料。

（四） 思辨性研究和经验性研究

根据研究是否从研究对象那里获取系统的经验事实、经验材料，可以把教育研究分为思辨性研究和经验性研究。从一定意义上讲，思辨性研究是哲学层面上的研究，经验性研究则是科学层面上的研究。

1. 思辨性研究

所谓思辨性研究，主要是指依靠研究者的"哲学沉思"而寻求教育问题答案的研究。思辨性研究不需要从研究对象那里获取系统的经验事实，比较适合于对教育教学的目的、价值问题和教育教学的本体论问题的探讨。例如，"中学应不应该开设心理卫生课?""教育的本质是什么?""教学的本质是什么?""师生关系的本质是什么?"等。思辨性研究的成果往往是抽象的、深刻的，是远离实践的，对实践的影响是间接的。

思辨性研究具有如下几个特征：①思辨性研究没有具体的研究对象。思辨性研究一般只有抽象的对象，而没有或者不需要具体的对象，因为它不需要从对象那里获取系统的、翔实的资料。如研究"教学的本质问题"并不需要做系统的课堂教学观察。②思辨性研究靠逻辑说话。思辨性研究一般是从概念到概念，从理论到理论式的研究。有时可能是思辨加例证的。它主要依靠研究者的形式逻辑推理或辩证逻辑推理。③思辨性研究没有程序性的、操作性的研究方法。它只有思维的方法，逻辑的方法。这类方法"只可体悟，不可言传"。因此，本书所言的教育研究方法不包括思辨性研究方法。

2. 经验性研究

经验性研究是指研究者运用自己的感官或研究工具，从研究对象那里获取系统的经验事实，并对经验事实进行分析、概括的研究。经验性研究主要研究教育教学的"科学技术"问题，而不研究教育教学的"哲学问题"。经验性研究常研究如下问题，"学生的学业成绩和学生家庭的经济状况有关吗?""发现教学法的教学效果优于讲授法的教学效果吗?"等。

经验性研究具有如下特点：①经验性研究有明确而具体的研究对象。如实验研究有具体的被试对象，调查研究有具体的调查对象。没有明确具体的研究对象，就无法开展经验性研究。②经验性研究靠事实说话。经验性研究是一种摆事实、讲道理的研究，是将研究结论建立在系统的经验事实之上的研究，它必须从研究对象那里获取系统的经验事实。③经验性研究有比较明确的程序性、操作性方法和研究工具。经验性研究的有效性就在于研究过程的合理性以及研究工具的有效性。

经验性研究是科学层面上的研究，而非哲学层面上的研究，上述所区分的定量研究和定性研究虽然哲学方法论取向不同，具体使用的研究方法和研究资料的处理也不同，但均以经验事实为依据，都属于经验性研究。需要说明的是，本书所讨论的教育研究方法主要是经验性研究方法。而从研究者的研究训练和研究成长来看，如果对教育研究中的思辨性研究感兴趣，最好先做一些经验性研究，再从事思辨性研究。

第二节 教育研究的管理与过程

一、 教育研究的管理

教育研究的管理要求学校以科学的基本管理作为指导，运用计划、组织、协调等基本管理职能选择教育研究的管理办法。

（一） 教育研究管理的目标

明确教育研究管理的目标，是从事教育研究管理工作的前提和基础。例如，大学生教育研究管理的目标是，依据教育研究管理的规律和原则，运用各种管理方法和手段，组织发动学校各个部门，特别是指导老师，齐心协力关怀、帮助、指导大学生做好科学研究工作，提高研究质量，培养高素质的科学研究人才，取得丰硕的科学研究成果。

（二） 教育研究管理的内容

教育研究管理的内容，可以分为如下 3 部分：

1. 计划管理

要求每年都要制订开展科研工作的计划，对当年开展的教育研究工作的目标、任务、措施等做出具体安排。在全校计划的指导下，各系、各科室也要制订相应的具体实施计划，形成全校教育研究原理的计划体系。

2. 组织管理

要求全校成立教育研究领导小组，由学校领导、各系的领导、各科室领导组成。

3. 制度管理

为了保证做好对教师教育研究的管理工作，必须制定一系列的管理制度，包括：

（1）规划计划制度，根据全国和本地教育发展形势制订好大学生专业科研规划和年度计划。

（2）目标考核制度，包括考核教师科研的进度和质量等。

（3）经费使用制度，包括管理教师科研经费的申请、使用、审核和报销等。

（4）表彰奖励制度，包括对教师教育研究成果的评选、奖励的标准和奖励申请、审核、批准等程序的建立等。

二、 教育研究的基本过程

教育研究的基本过程可分为提出问题、确定课题、制订计划、实施计划、表述成果和评价与推广6个步骤。

（一） 提出问题

发现并提出问题，是科学研究的开始。人们在生产、生活中遇到了问题，就要想办法去解决它，这种"想办法"，就是研究。而在教育、教学领域内发现并提出问题，加以讨论、实验和论证，就是教育研究。

1. 深刻认识提出问题的重要性

发现并提出问题是科学研究的开始，没有发现问题，或者提不出问题，科学研究就无从开始，也就没有了科学研究。发现并提出问题的难度很高。爱因斯坦曾说过："提出一个问题往往比解决一个问题更重要、更困难。因为解决一个问题也许仅仅是一个数学上的或实验上的技能而已。而提出新的问题、新的可能性，从新的角度去看待旧的问题，都需要有创造性的想象力，而且标志着科学的真正的进步。"[①]

2. 清晰认识问题的来源

提出问题既然如此重要，那么问题究竟从哪里来？问题来自两个方面：一方面是自己亲身的体会；另一方面是别人的亲身体会。

来自自身的体会范围比较小。因为个人的活动范围毕竟有限，问题毕竟较少，特别值得研究的问题更少。

来自他人的体会范围就比较大。因为这种"他人"，不仅指直接接触到的个人；而且包括没有直接接触的人，他们已经发表的文章等。从时间上来讲，包括今人的和古人的；从空间上来讲，包括本地的和外地的，国内的和国外的；从问题的性质上来讲，既有理论方面的，又有实践方面的。

（二） 确定课题

提出问题后，就要开始研究如何解决问题。研究要解决问题，从科学的步骤来说，首先就要确定课题。

1. 课题的含义

课题就是科学研究的题目。这种科学研究的题目，有其鲜明的特点：

（1）课题要反映整个研究的价值。即要反映出研究什么，想要解决什么问题，以及这个问题的重要性。

（2）课题要反映研究的方向。即研究的课题，要走在时代的前列，要走在本行业（如教育界）发展的前沿。

（3）课题要对研究的范围起到概括性和限定性的作用。即对研究的课题要给出一个范围，主要集中力量研究课题范围内的问题，而不能漫无目的地研究与课题无关或关系不大的问题。

---

① 阿尔伯特·爱因斯坦，利·英费尔德，周肇威，译. 物理学的进化 [M]. 长沙：湖南教育出版社，1999.

2. 课题的分类

由于研究的视角不同，课题有许多不同的分类：

（1）从研究的性质看，可以分为理论性课题和应用性课题。

（2）从资料来源和时间看，可以分为历史性课题和现实性课题。

（3）从研究内容看，可以分为综合性课题和单一性课题。

（4）从研究的手段看，可以分为实验性课题和描述性课题。

（5）从课题选定形式看，可以分为新开课题、结转课题、委托课题、自选课题等，委托课题还可分为国家级（国务院所属部、委）、省级、市（县）级、企（事）业下达或委托等。总之，以上各种分类都是人为的，在实际工作中，往往是几种类型的综合。

3. 课题的选择

世界上存在的问题千千万，教育、教学领域的问题也很多，如何提出问题，选题的标准有哪些是教育研究必须掌握的。

课题选择的条件主要有：

（1）课题必须有价值。提出研究课题是为了解决问题。如果提出的课题没有价值，那么花了大量人力、物力、财力得到的解决问题的方法也是一堆废纸。衡量课题有没有价值，主要看课题解决后对社会有没有促进作用。具体到教育、教学方面，主要看对教育、教学的理论和实践有没有促进作用。只有对教育、教学有促进作用的课题才是有价值的选题。

（2）课题必须有科学性。课题的科学性主要表现为：一是要有实践基础，即有教育、教学的事实依据；二是要有理论基础，即要符合教育、教学的基本原理。因为没有教育、教学的事实依据的课题，就是无本之木，无源之水，不是凭空臆造，就是道听途说；而不符合教育研究的基本原理的课题，必将导致本末倒置，不成其为教育研究。

（3）课题必须新颖、有创造性。提出的课题，必须是前人没有提出或虽被提出，但至今没有解决或没有被完全解决的课题。选题应该是新颖的，有创造性的。一种是全新的，即前人没有研究过的课题；另一种是前人虽已发现且已解决了部分问题，但没完全解决；或在前人已解决的基础上，有所发现，有所创新，有所提高。

（4）课题要有可行性。可行性就是对课题问题的解决有可能实现的一种预测。可行性包括以下三方面的条件：一是必须具备的条件，包括必要的资料、设备、人力、物力、财力、时间、技术以及理论准备等；二是必须具备主观条件，即研究者必须具有解决该问题的知识、能力、专长；三是时机要成熟，即天时、地利、人和的综合。大学生选择教育研究课题，应当根据这三方面的条件，联系自己的实际情况和本人、本校团队，确定研究课题的可行性。既要从需要出发确定课题，又要看研究课题能否实现；既要选择自己感兴趣的研究课题，又要选择自己擅长的，并经过深思熟虑的研究课题；既要抓住教育界的热门话题，又要抓住当今教育、教学上存在的问题，抓住本校、本地乃至全国教育上存在的问题，抓住本人、本校团队经过努力能解决的问题作为研究课题。

4. 课题的论证

课题虽然按条件选择出来了，但这种选题是研究人员的选题，到底符不符合选题标准，课题有没有价值、有没有科学性、新颖不新颖、有没有创新性、有没有可行性，都要听一听专家、学者的声音，请他们提意见来检验一下。因此，课题论证是科学研究选题时必不可少的环节。

（1）课题论证是对研究课题有无价值的有效鉴定。如教育、教学上的课题论证，参与论证的必然是教育界的管理者、专家和学者；他们对研究者提出的课题，可以从理论的高度、实践的广度，以及对课题本身的深度提出各自的看法，全面、深入地做一次检查和评价，包括课题的科学性、创新性和可行性，从而坚定选题的正确性，增强研究人员进行该课题研究的信心和决心。

（2）课题论证可以促进研究方案的完善。如在教育、教学上进行课题论证时，课题研究者在提出研究课题时，必须要介绍提出这个课题的教育、教学背景，包括国内国外、过去现在的状况，存在的问题，研究的方向、方法，人力、物力、财力的配备情况等。论证者通过自身渊博的知识、丰富的经验提出合理化建议，从而为完善研究方案提供宝贵意见，为提高研究质量提供可靠的保证。

（三）　制订计划

1. 制订计划的必要性

制订计划，就是制定工作路线图。制订教育研究课题计划，是保证课题研究顺利进行的必要措施。

（1）有了课题研究计划，就有了明确、清晰、可以操作的路线。因为课题计划明确规定了研究的范围和目标，制定了研究的方法和步骤，研究者就可以按照计划一步一个脚印地进行研究。

（2）有了课题研究计划，有利于检查研究进度和存在的问题。因为研究计划是分阶段的，如收集资料需要多少时间，从某年某月到某年某月，何时可以检查，看是否完成；如果没有，如何补救。

（3）有了课题研究计划，还能保证研究成果的质量。因为研究计划不仅规定了研究工作进度，而且明确了研究工作的质量。即不仅要按时完成工作，而且要保证质量。为了保时保优，计划中必须明确研究人员的职责。

2. 课题计划的结构

研究课题计划的结构，一般包括以下部分：

（1）研究课题名称。课题名称必须明确所要研究的问题，要求简洁明确，一目了然。

（2）研究的目的和意义。首先，要说明为什么提出这个课题，包括根据什么、受什么启发而提出这个课题，研究这个课题的目的和意义是什么，要解决什么问题，其价值是什么。其次，要介绍国内外对这个课题的研究状况，提出自己研究的方向和方法，以期达到新的突破和新的高度。

3. 研究范围和内容

任何研究课题都应该有一个研究范围。从教育、教学领域讲，既可以是一名学生、一群学生，一名教师、一群教师，一所学校、若干所学校，也可以是一个教育、教学现象，一种教育、教学倾向。总之，研究范围就是研究对象，它可以包括人，也可以包括事物。

研究范围确定后，就要确定研究内容。研究内容是研究课题的核心。如果一项科研课题没有具体研究内容，则无从研究。有了具体的研究内容，就可以根据研究内容设计出更为具体的研究方案。

4. 研究方法

研究方法在教育、教学研究中，除了采用哲学方法和一般科学方法外，有一整套研究的方法，包括教育观察法、教育调查法、教育实验法、行动研究法、个案研究法、教育经验总结法和教育统计与测量法等。

5. 研究步骤

研究步骤包括研究进度，即设置几个阶段，规定时间、任务和目标，以便有序推进研究进程，并按时进行检查，看能否按规定完成阶段任务，以便发现问题并及时解决，保证高质量地完成课题的研究任务，取得满意的科研成果。

6. 研究成果

教育、教学科研的成果表现形式就是写出研究报告或论文。

7. 研究组成员

研究组即课题组，设组长一人，成员若干人。每个成员都要进行分工，各负其责。如果课题由一人完成，可不列这项内容。

8. 经费预算及设备条件

教育、教学科学研究都需要经费和设备支撑，如购买资料、复印文件以及交通费、会议费等。

（四） 实施计划

实施计划的过程，即是进行课题研究的过程。从教育、教学的课题研究来看，更是对教育、教学资料收集、整理和分析的过程。

1. 收集资料的必要性

教育研究资料在教育、教学科学研究中起着决定性的作用。可以说，资料是科研之本，犹如煮饭用的米、烹饪用的食材，没有资料则科研寸步难行，无从做起。

科研资料的收集、整理、分析应贯穿于科研的始终。科研的选题要靠资料，要从资料中了解选题的背景，包括选课的现状、课题的历史、当前存在的问题；同样，制订计划要依靠资料寻找依据，具体研究更是离不开对资料的分类、分析和整理，即使写研究成果报告时也得应用各种资料来完成。

2. 资料的来源

教育、教学科学研究的资料来源大体上可以分为两类：一类是他人提供的资料，或称历史性资料；另一类是自己创造的资料，或称现实性资料。历史性资料是辅助性资料，它可以作为选题的依据，作为结论的基础，作为研究方向的借鉴，作为科研成果的比较，但唯一不能作为研究的成果。而自己创造的资料才是研究的主体，科研人员必须从自己创造的、鲜活的现实性资料中找到前人没有发现的事例，创造性地提出自己的新的观点和结论，为课题需要解决的问题比较完美地找到解决的办法，并尽可能地找到规律性的东西，将其上升到理论的高度。

（1）历史性资料包括前人和同时代人创造的资料，其表现形式有：

①书籍。包括与教育、教学研究课题有关的教科书、论著、工具书、科普读物等。

②报纸。包括与教育、教学研究课题有关的报纸，如《中国教育报》《教育时报》《教育导报》，江苏、浙江等省的教育报和《光明日报》《文汇

报》《中国青年报》等的教育专栏等。

③期刊。包括中央教育科学研究所、中国教育学会、北京师范大学、华东师范学校等出版的《教育研究》《中国教育学刊》《比较教育研究》《全球教育展望》等几十种。

④学术会议文献。目前,我国教育界有几十个学术团体,如中国教育学会、中国高等教育学会等,几乎每年都召开有关学术研讨会、年会等,在会上散发的文献包括:论文、会议报告、纲要,以及由媒体记者撰写的述评等。

(2) 自己创造的现实性资料,主要是围绕课题的要求进行调查收集到的资料,包括专题调查报告、口头询问资料、书面问卷资料等。

3. 资料的分类和分析

资料不论来自书籍、报纸、期刊、学术会议文献,还是来自研究者自己的调查报告、口头询问记录或书面问卷调查,都是单一的文章、数据等。因此,必须先进行资料分类,然后加以整理,才能分析利用。

(1) 资料的分类。资料的分类有许多种,最简单的方法是将资料分成两大类,即数量类资料和非数量类资料。

①数量类资料。顾名思义,就是反映数量的资料,其表现形式是一连串的数据,这类资料的作用主要是说明量的变化。

②非数量类资料。就是数量资料以外的所有资料,其表现形式就是文字说明,这类资料的作用主要是说明事例的基本情况、所持的观点、存在的问题和方法等。

(2) 资料的分析。资料的分析根据资料的分类而定。

①数量类资料采用定量分析法,即采用统计分析法,把大量的、散乱的数量资料依据统计的理论和思维方式,将研究对象的本质、特征揭示出来。

②非数量类资料采用定性分析法,即采用逻辑分析法,运用抽象和概

括、归纳和演绎等方法，将研究资料进行思维加工，去粗取精，去伪存真，由表及里，达到认识事物本质、揭示事物规律的目的。

这里需要强调的是：首先，定量研究与定性研究是相辅相成的，二者反映客观事物的质与量的辩证关系。通过定性分析可以确定这一事物与其他事物本质上的区别，而定量分析会增强定性分析的科学依据，所以在对某一事物的表述上，总是定性分析在先，而定量分析紧跟其后。其次，在当下教育、教学发展的水平上，不是所有问题都是能量化的，如对人的精神现象的测量往往带有很大的随机性。因此，不能强求量化分析，需要的是为说明问题而使定量研究与定性研究有机结合。

（五） 表述成果

教育、教学科研课题的研究工作按研究计划完成后，接下来就要将其整理成书面材料，形成科研结果，便于有关单位进行检查验收，最终起到交流和运用的作用。

1. 教育、教学科研成果的类型

教育、教学科研成果表述的类型主要分两大类，即教育、教学科研报告和教育、教学科研论文。

（1）教育、教学科研报告。教育、教学科研报告，主要用于报告教育、教学科研的进展情况以及研究的结果、建议等内容。根据研究内容的不同，又可分为现实性的研究报告和文献性的研究报告。

①现实性的研究报告。主要是指对现实的教育、教学问题进行研究的结果，如对某个教育、教学问题进行调查研究后写成的调查研究报告，对某种教育、教学现象进行科学实验后写成的实验报告，对某所学校的教育、教学经验进行总结后写成的经验总结报告等。

②文献性的研究报告。主要指对教育、教学文献进行考证、分析、比较后写成的报告。

（2）教育、教学科研论文。教育、教学科研论文，主要以阐述教育、教学中某一事物或问题的理论性认识为主要内容。这是它和教育、教学科研报告的最大区别。因此，要求教育、教学科研论文能够对研究的问题提出新观点，或能运用新的研究方法得出新结论，或能站在新的角度做出新的解释和论证。

2. 教育、教学科研报告的结构和撰写

（1）教育、教学科研报告的结构。教育、教学科研报告分为教育、教学调查报告，教育、教学实验报告，教育、教学实验总结报告等，其结构略有差异。

①教育、教学调查报告的结构。教育、教学调查报告是对某个教育、教学问题进行调查研究后写成的调查报告，其结构由题目、引言、正文、讨论或建议等部分组成。

a. 题目：题目要求用简明、确切的文字概括报告的内容，一般可采用公文式的标题、文章式的标题或正、副标题 3 种形式。

b. 引言：主要介绍调查目的、意义、时间、地点、对象、范围，调查方法和调查内容等，让读者对整个报告有一个总体认识。

c. 正文：主要把调查得到的材料加以分析整理，逐条加以叙述。叙述的方法可以按调查的顺序来写，也可按调查的单位或人和事物发生、发展的变化来写，还可将两种事物加以对比，找出其差异性的办法来写。不论用哪种写法，都要清楚调查的结果。

d. 讨论或建议：根据正文的调查结果进行分析讨论，得出自己的结论，并提出建设性的建议。

②教育、教学实验报告的结构。教育、教学实验报告是对某种教育、教学现象进行科学实验后写成的报告，其结构由题目、引言、实验方法、实验结果、分析与讨论等部分组成。

a. 题目：题目要求能反映出教育、教学实验的对象、范围、方法和问题。为避免题目过长，可采用正、副标题的方式。

b. 引言：主要介绍实验课题的来源，需要用实验方法解决的问题、实验对象和规模、实验方法、实验进度情况等。

c. 实验方法：主要阐明怎样选择被试，被试的条件、数量、取样方式，实验采取的方法、具体步骤等。

d. 实验结果：此部分中最重要的是提出数据和典型。

e. 分析与讨论：主要运用教育、教学理论来分析和讨论与实验有关的问题。

③教育、教学经验总结报告的结构。教育、教学经验总结报告是对在教育、教学实践中经过不断探索而积累起来的经验总结后写成的报告，其结构由题目、引言、正文、结论等部分组成。

a. 题目：既可以用总结经验的内容命名，也可以某一阶段或全部工作的内容命名，还可以成效较大、印象较深的经验来命名。

b. 引言：主要介绍经验总结的背景、总结的目的、取得的主要经验等。

c. 正文：经验总结既要有典型的事例，又要通过分析研究，加以理论概括，做到内容丰富、生动、说理性强。

d. 结论：这是教育、教学实验报告的主要部分，要通过正文的典型事例和分析研究上升到结论，即经验和教训，达到总结经验的目的。

（2）教育、教学科研报告的撰写。关于教育、教学科研报告的撰写，不论是对调查报告，还是实验报告，以及经验总结报告的撰写，都要在充分掌握材料的基础上，经过思维加工和文字加工，才能撰写出科学的研究报告来。

①拟定详细的写作提纲。撰写前必须经过深思熟虑草拟出详细的写作提纲。写作提纲大的布局即报告的结构，除题目外，主要是引言、正文和结论三大部分。写作提纲的任务是把掌握的材料分别组织到这三大部分中去，先写什么，后写什么，如何过渡，可以先搭个架子，然后加以细化，拟就详细的写作提纲。

②撰写初稿。有了详细的写作提纲，文章的布局出来了就可以动手写初稿，即将原始材料经过加工罗列到写作提纲中去。写初稿时首先要注意甄别原始材料的真实性、可靠性；其次要考虑这个资料放在这个章节是否合适，即是否符合提纲的要求，能否说明需要说明的问题，是否能证明提出来的观点，防止牵强附会，文不对题。

③修改定稿。写出初稿后，不等于已经完成研究报告，而是要经过反复修改。修改稿件最好的方法，就是听取他人的意见，特别是同行的意见、被调查者的意见、与课题研究相关者的意见，以及专家、学者的意见等。好的文章都是经过反复推敲修改出来的，只有充分收集各方面的意见，经过反复修改，才能写出高质量的研究报告。

3. 教育、教学科研论文的结构和撰写

教育、教学科研论文的结构和撰写，与教育、教学科研报告的结构和撰写有许多相似之处，如结构方面都是以引言、正文、结论为主；撰写的方法都是在收集、整理、分析资料的基础上，列出详细的写作提纲，写出初稿，修改定稿等；在写作要求上也基本相同，即要求材料翔实，布局合理，文字精练，论证有逻辑性、结论有科学性、建议有可能性等。但论文和报告因体裁不同有各自的特点，所以在结构和撰写上也有各自的特点。

（1）教育、教学科研论文的结构。教育、教学科研论文主要由题目、摘要、绪论、本论、结论、参考文献等部分组成。

①题目：要求论文的题目能反映出研究的方向、成果等内容。

②摘要：要求能反映出论文的全貌，但不能平铺直叙，要突出重点，特别是主要论点，以便读者既能了解全文的概貌，又可知道主要论点是什么。

③绪论：即引论。要求说明 3 个方面的问题：第一，说明要研究这一课题的理由和意义；第二，介绍研究这个课题的背景，按照国内外对这种课题研究的水平，提出需要论证的问题，这是绪论的核心部分，也是课题研

究的目的和要求；第三，介绍论证的方法和手段。

④本论：即正文。内容要求要提出问题，该如何解决，特别是提出自己独创的东西，这是显示论文水平高低的主要标志。

⑤结论：结论是课题解决的答案，是全篇论文的归宿。

⑥参考文献：这是论文所必需的内容，主要列出论文引用了哪些文献资料，包括文献名称、著作者姓名、出版者名称、出版年份等。列出参考文献，既可使别人的研究成果得到尊重，也可使自己避免有抄袭他人成果的嫌疑。

（2）教育、教学科研论文的撰写。教育、教学科研论文的撰写和教育、教学科研报告的撰写一样，在占有大量研究资料的前提下，大致需经过拟定详细的写作提纲、撰写初稿和修改定稿3个步骤。

①拟定详细的写作提纲。论文的写作提纲，其要求与报告的写作提纲基本相似，兹不赘述。这里要注意两个方面：一是在拟定写作提纲进行总结规划时，会遇到论文层次结构顺序的排列问题，常用的有4种，即时间顺序、空间顺序、逻辑顺序和重要性顺序；二是拟定写作提纲的方式方法，常用的有3种：一是句子式提纲，即用句子形式出现；二是标题式提纲，即用标题引出每一节、每一段中所要讨论的主要内容；三是段落式提纲，即论文段落的内容提要。

②撰写初稿。撰写论文初稿的办法和要求与撰写报告初稿基本相同，由于论文是说理性的，特别要求用马克思主义的立场、观点和方法提出问题、分析问题和解决问题；除要求材料充分、数据可靠、观点鲜明外，特别要求突出说理性、逻辑性和针对性。

③修改定稿。论文修改定稿的办法和要求除与报告修改定稿的办法和要求基本相同外，要求论文比报告在文字上更要准确精练，篇幅更短小精悍，宁可将长篇论文压缩成短篇论文，也不要把短篇论文拉成长篇论文。

（六） 评价与推广

教育、教学科研成果的评价与推广应用是教育、教学科研管理工作中的重要环节，对提高教育、教学科研质量和水平，以及对教育、教学工作的改进和发展具有重要的推动作用。

1. 教育、教学科研成果的评价

（1）教育、教学科研成果评价的作用。首先，教育、教学科研成果必须具备以下条件：第一，研究的对象必须是教育、教学问题；第二，成果必须是通过研究得来的；第三，对教育、教学的改革和发展的影响具有一定的社会价值；第四，对教育、教学的发展有一定的学术意义。

其次，对教育、教学科研成果进行评价，其作用和意义主要有：第一，可以帮助正确认识成果的价值，包括学术价值和社会价值；第二，可以交换教育、教学的信息，促进成果交流；第三，可以提高教育、教学的原理效能，提高教育、教学科研的质量和水平；第四，可以提高科研人员和科研管理人员的素质。

（2）教育、教学科研成果评价的原则。由于教育、教学科研成果评价是由人来进行的，因此，要进行评价的组织和人员应遵守以下原则：第一，教育性原则。即要看成果是否符合社会主义办学方向，是否有利于培养德、智、体、美全面发展的社会主义建设者和接班人，是否有利于全面贯彻教育方针，是否有利于全面提高教育、教学质量等。第二，综合评价原则。所谓综合，就是既要看学术价值，又要看社会价值；既要看成果的价值性，又要看研究过程的科学性和研究原理的规范性。第三，实践性原则。教育、教学科研成果必须在教育、教学实践中接受检验。因此，成果中必须有实践、实验的部分。第四，实事求是原则。对科研成果的价值、现实意义、研究广度、研究深度、应用的可能性和运用范围等都要实事求是地给以恰当客观的评价，不贬低、不拔高，杜绝拉关系、讲人情的不正之风。

（3）教育、教学科研成果评价的标准。教育、教学科研成果的价值主要包括社会价值和学术价值。社会价值是指教育、教学科研成果对教育、教学改革与发展和对两个文明建设所起的作用；学术价值是指教育、教学科研成果在教育、教学理论和方法应用上的创新和突破程度。而教育、教学科研成果的评价，就是对其社会价值和学术价值的评价。

为了使教育、教学科研成果评价具有可操作性，亟待建立完善的科研成果评价体系。我国尚未形成一个科学的教育、教学科研成果评价标准体系，有的地方提出的评价标准包括：①教育、教学工作的效益；②教育改革贡献；③学术水平；④学术创新程度；⑤研究规模复杂程度等。每一个指标又分优秀、良好、中等、及格和不及格五个等级进行打分评价。

（4）教育、教学科研成果评价的程序。为了做到教育、教学科研成果评价的规范性，必须遵守如下程序：

①成立成果鉴定委员会。委员会由专家、学者和有丰富经验的教育教学工作者组成。

②制订成果评价实施方案。方案内容包括：ⓐ评价宗旨、指导思想和原则要求；ⓑ评价的范围；ⓒ评价的具体标准。

③成果评价的过程：ⓐ研究者提出成果鉴定申请；ⓑ专业小组初评；ⓒ学术委员会评定；ⓓ由学术委员会为研究者颁发成果等级证书。

2. 教育、教学科研成果的推广应用

教育、教学科研成果评价后，说明其具有可供借鉴的社会价值和学术价值，就要组织推广应用，以发挥成果的作用。

（1）教育、教学科研成果推广应用的主要内容。

①传播、推广研究成果中先进的教育观念。先进的教育观念是取得教育、教学科研成果的主要原因，也是推广应用的首选。

②传播、推广科研成果中新发现的科学规律或原则，供他人学习、运用，以促进教育、教学工作的深入发展。

③传播、推广科研成果中提供的新方法、新技术。这对于广大教育工

作者来说很有实用价值，对提高工作质量和效益有很大帮助。

④传播、推广科研成果中使用的科学思维方式。人们的思维方式很大程度上决定了教育、教学工作的成败，吸收、运用科学思维方式对教育、教学人员从事教学工作以及学术研究工作都有借鉴作用。

（2）教育、教学科研成果推广应用的方法。按程序看，成果推广应用的方法分 7 个步骤：①确定推广应用的成果；②制订推广应用的计划；③学习成果及相关理论，落实推广应用的措施；④组织培训，现场示范、指导；⑤推广应用的具体操作；⑥反馈调整，发展创新；⑦交流、总结经验。

第三节　教育研究的理论选择

任何一门学科的科学性水平都是以其理论的成熟为标志的，学科的发展也离不开理论上的突破，学科的研究更需要理论的支撑。因此，教育研究不仅要追求理论建设的贡献，而且也希望借鉴、依赖已有的教育研究理论来指导研究，解释研究。俗话说，理论是行动的先导。没有理论做指导的研究是无本之木，无源之水，经不起历史的检验和实践的敲打。改革开放 40 年来，一方面坚持对外开放引进了西方发达国家先进的教育理论，另一方面在实践中不断创新发展具有中国特色的教育理论体系，为推动教育研究提供了强大的思想武器，奠定了坚实的理论基础。科学地选择和运用这些理论对于每一个教育研究工作者都是十分重要的。

运用教育理论来指导教育研究，首先要懂得什么是理论，它的功能是什么。所谓理论，《现代汉语词典》的解释是："人们由实践概括出来的关于自然界和社会的知识的有系统的结论。"而教育理论是通过一系列教育概念、教育判断或命题，借助一定的推理形式构成的关于教育问题的系统性的陈述，教育理论具有以下 3 个基本的规定性：第一，教育理论是由教育概念、教育命题和一定的推理方式构成的。因为任何理论必定是通过概念、判断或命题等基本的思维形式来构成的，如果没有教育概念、教育命题，仅仅是对教育现象的系统描述，即使是系统的，那也不是教育理论，只是教育现象的陈述。第二，教育理论是对教育现象或教育事实的抽象概括。理论在本质上超越于具体的事实和经验，尽管它在形式上是一种陈述体系，但它在内容上是以浓缩的形式来阐述教育事实和经验的，不是对教育事实和现象的直接复制，而是间接的抽象反映。第三，教育理论具有系统性。单个的教育概念或教育命题，不借助于一定的逻辑形式，不构成一定的系统性，也不能构成教育理论，即使它是对教育现象和事实的概括反映，那也只是一种零散的教育观念或教育思想。

理论与经验体会有什么差别？理论是人类理性思维的产物。理性思维是人类最富有能动性、构造性和创造性的思维活动，通过这样的思维活动人们达到对事物的深层模式的认识，并以不同于事物本身存在的形式表达出来。理论性的认识离不开经验性的认识，但又不等同于经验性的认识。与经验性的认识相比，理论性的认识无论在内容上还是形式上都更具普遍性与抽象性。在内容上，它揭示事物内在的本质及其结构性特征，是事物间的必然联系和事物发展的必然规律，是对事物更深刻、系统、全面准确的认识。在形式上，理论由一系列具有逻辑联系的概念、命题与推论组成，表现出抽象、概括和结构化的特征。概念、命题、推论以及把它们构成整体的逻辑方法都是人的认识能力中创造性、能动性和构造性的展现。而经验体会却不具备这种特质，它是对事物及事物之间联系的一种表层的感性的认识总结，不具有普遍性和规律性。但理论与经验是有密切联系的，经验认识的积累对于理论性认识来说是必需的，没有一定的经验认识作为基础是产生不了很好理性认识的。但是，仅凭经验性认识也并不会自动产生新的理论，它们之间存在着认识层次上的差异，要完成从经验性层次到理论性层次的转化，需要发挥思维的能动性、创造性与构造性，需要认识主体的分析、抽象、概括、综合等认识能力的投入，需要运用一定的理性思维工具和方法。因此，为了实现这一转化，教育研究人员不仅需要对大量的教育现象、教育实践做出科学判断，形成感性的或经验性的认识，还需要了解从经验性认识到理论性认识转化的过程与实质，提高自身的认识能力，努力掌握和善于使用理性思维的工具和方法。

恰当地选择和运用教育理论对教育研究十分重要。这是由教育理论的功能所决定的，一般来讲，教育理论具有解释的功能、指导实践的功能、预测的功能和研究方法的功能等四大功能。所谓解释功能是指解释教育事物和现象的功能，它不仅可以揭示教育事物和现象产生、形成变化发展的过程，还可以揭示教育事物和现象内部构成要素、结构、本质特征、部分功能与整体功能、事物内部各因素之间、事物与环境之间的相互作用，以及这种作用发生所必需的条件、作用的方式、特点与规律。所谓指导实践的功能是指当理论揭示了事物的本质、结构、内部的外部的规律性联系后，就能减少人们行为中的盲目性，提高主体的能动性，使实践更富有理性和成效。同时，由于理论具有抽象性和普遍性，故已成为人们分析实践产生的各种困难和问题的重要思想工具。这种思想工具的作用只有在实践中才能体现。所谓预测性是指为未来教育发展趋势提供预测的依据，或者说为未来事物的认识提供理论模式。所谓研究方法的功能是指理论由于它在向人们提供一系列命题的同时，也向人们提供了形成命题及命题系列的思想方法具有的研究方法的工具性功能，这种工具性功能主要表现在两方面：一方面是一种理论成为构建另一种理论的方法和工具，即以旧理论来创建新理论；另一方面是一种理论所包含的思想影响另一种理论的思维方式。在开展教育研究时充分了解理论的要义，把握理论的功能，对于每一位研究者都是十分重要的，它不但可以提高研究的理论含量与品位，更重要的是有利于培养理论思维品质，因此研究者应加以重视并自觉运用。

第二章//
教育研究课题的确定

课题的设计论证包括问题的提出、核心概念的界定、理论依据的选择、研究假设提出、研究目标与内容的构建、研究方法的选取、研究思路与步骤的确定、预期成果的设定以及研究条件的保障 9 个方面。本章着重从以下4 个方面做系统的讨论。

第一节　教育研究课题的选择

课题的确定即选题，顾名思义指经过选择来确定所要研究的中心问题。它包括两个方面的含义：一是确定研究方向；二是选择研究问题。这是进行教育研究首先要解决的问题，是教育研究开始必须要走的第一步，这一步至关重要。人们常说，良好的开端是成功的一半。选好课题不仅关系到研究的价值，决定研究的方向和水平，而且在一定程度上决定了研究的方法和手段，关系到能否获得有效的研究成果。

一、 认识选题的重要性， 突出问题意识

科研源于问题，研究始于观察。选题的过程是面对纷繁复杂的教育现象与问题做出理性的判断与选择的过程，更是一个知识积累与创新的过程。

能否善于提出问题是进行教育研究的关键，它决定研究价值的大小，决定研究的成功与否。选题不当是导致研究失败的重要原因，而糟糕的选题也很难获得专家的认可与课题管理部门的立项资助。正因为如此，爱因斯坦才会说提出一个问题往往比解决一个问题更重要、更困难。

独立地判断和正确地选题还是教育研究工作者科研基本能力与素养的集中展示。原因在于，研究课题的确定，意味着研究者要善于从理论本身、理论与实际之间，现状与社会发展需要之间种种矛盾的透视分析中，发现、提出和形成一个有意义、有创见的问题。这种善于提出问题的洞察力、对形势的判断力是科研工作者综合素质的集中反映。没有长期的积累和丰富的实践是不可能提出和发现有价值的问题的。尽管有的研究者在教育实践中也积累了较丰富的资料，但往往不善于把问题提炼成科研课题，导致研究成果停留在一般的经验总结阶段，不能上升为理论思考与探索，成为有价值的问题。有的青年学者缺乏问题意识，不会提问题，只会跟在别人的后头人云亦云，简单地模仿。缺乏个人独立的思考和主见，也就不可能有创新。因此，学会正确选题对于研究者尤其重要。

选题一定要突出问题意识，这种意识是自觉的而不是他人所强迫的，是持续的而不是间断的，是建立在理性的思考与判断基础上的而不是空穴来风。一个课题的提出与设计最可怕的是没有问题，或者是有问题不是真问题而是假问题。没有真正的问题，就没有真正的研究，也就不可能出真正的有价值的成果。如果把课题当作一条河流，问题就好比河的源头，没有问题这条河就将成无源之水，而无源之水很快就会干涸。尽管课题在其他方面设计得很好也是徒劳无益的。

二、 学会发现问题， 善于提出问题

问题从何而来，尽管问题的来源很多，但总的来说不外乎理论和实践两个方面，关键是要善于从理论与实践中发现和提出问题。

（一） 来自理论的选题

丰富的教育实践孕育和呼唤教育理论的创新，而理论创新则需要提出新命题，开辟新领域。教育研究的一项重要任务就是理论创新，而理论研究的生命力就在于回答实践中提出的问题，因此，理论不但可以解释目前的现象，还可以预测未来。研究者通过一个良好的理论研究从中可以推演出多种预测，成为研究问题的重要来源。如教育与学生个体发展，机制是什么？促进发展的手段是什么，发展的指标是什么？这些都是理论性很强的问题。研究者从这些理论的研究中可能获得启发与思考，从中选定自己的研究课题。科学研究不能割断与前人研究的联系。事实上，许多教育现象与问题是永恒的，前人做过研究也产生了新的理论成果，但随着时代的变化，许多理论成果又有待于进一步发展创新。应该说现在大多数研究都是站在前人的肩膀上，以前人的研究为基础做进一步的探索，通过新的探索不断创新和发展现有理论去获得新的认识，这样才可能有新的作为。所以，在选择课题时，有必要参考前人的研究。参考方式主要有：①继承前人研究的成果，进行更深入的研究；②评论过去研究的优缺点开辟研究的新领域。

来自理论的选题还可以从他人或自己的理论及过去的研究中选择。根据他人理论的选题主要从 3 种途径获得：一是从某个一般原理归结到某一特殊问题的研究中获得；二是从为证实他人的某一观点而从事的研究中获得；三是从为反驳他人的某一观点而从事的研究中获得。这种选题方式必须对他人的理论研究成果有比较系统的研究和了解，有深入的分析和深刻把握，有较为准确的判断和评价。为更好地表达和证明自己已经提出的理论或对自己已有的研究成果做进一步的发展，也可以从中找到新的研究点、新的突破口，这也是获得新问题的重要渠道。

从理论中获得选题有以下四种具体途径：

一是研读中外教育文献从中捕捉新问题；二是根据个人的学科研究兴

趣与研究专长选择问题；三是对有关理论进行演绎和验证拓展问题；四是从现有的理论研究成果中发现不足提出问题。

（二） 来自教育实践的选题

教育研究的选题除了来源于理论研究之外，更多的来源还是教育实践。苏霍姆林斯基曾经指出："教育研究没有去研究数十种和数百种影响人们的那些相互依赖与相互制约的关系，在这方面是落后的。教育研究只有当它去研究和解释那些最细微、最复杂的教育现象的相互依存、相互制约的关系的时候，才能成为精确的科学，真正的科学。"① 他强调这正是教育研究的实践性。教育研究最首要的任务就是要不断地研究和解决教育改革与发展中最现实、最紧迫、最复杂、最细微的问题，这些问题大多存在于教育教学的实践活动中。

随着知识经济时代的到来，教育的国际化、全球化、信息化和现代化趋势越来越明显和突出，各种问题接踵而来，影响和制约教育改革与发展的因素错综复杂，面对这些问题，教育理论工作者与实践工作者几乎每时每刻都会遇到许多疑问和困惑，如何去解释这些疑问和困惑，如何去化解这些矛盾与问题，这些都是教育实践对教育研究提出的重要课题。因此，实践需要是教育研究课题选题的主要源泉。除此之外，从已有的研究中发现和提出问题也是一种选题的途径，这种途径同样来源于教育研究的实践。因为一个问题的解决是持续不断的，在一个问题解决的同时，可能引发和伴随一个或几个新的问题产生，如研究报告经常在讨论部分提出对某些问题做进一步研究的建议，为后续研究提供了许多有益的启迪与思考，留下很多研究的对接口。这些很有可能成为其他研究者发现问题、开辟新的研究领域和方向的重要来源。

---

① 瓦・阿・苏霍姆林斯基，唐其慈，等，译. 把整个心灵献给孩子 [M]. 天津：天津人民出版社，1981.

来自实践的选题的具体途径有：一是研究者从已有的研究活动中获得新的认识，从而获得新的问题；二是研究者对教育教学实践中某一种现象或某种行为感到不解，心存疑惑形成了问题；三是教育本身所产生的热点与难点客观存在，已成为不可回避的现实。

（三）　来源于研究行动的选题

研究行动也是一种实践，之所以把它单独拿出来讲，主要是考虑它具有与其他教育实践不同的特殊性，是一种超越一般教育实践并对教育实践行动进行研究的行动，这也是研究者获得新的问题的另一条重要的渠道。在全球教育改革发展的背景下，教育环境千变万化，教育问题层出不穷，其原因错综复杂，挑战和机遇同时存在。如教育改革如何适应市场经济体制建设的要求，教育事业如何实现科学和谐发展等。为此，一方面要认真学习国家和地方的教育政策，了解教育改革发展动态；另一方面要结合岗位工作，深入教育改革的第一线发现问题，再通过研究找到解决的办法与对策。在已有研究中发现问题，重复或拓展他人的研究课题，在教育研究中也是需要的。但即便是重复，也是为了有所发展。包括检验某一"突破性"研究成果、研究不同人群来检验原有研究发现的效度、运用不同的方法检验研究成果、研究影响更强的介入因素。研究需要日积月累，永远也不可能达到完善和完美的境界。教育是不断发展的，但教育研究很多主题是永恒不变的。因此，决定研究的问题不可能全部是新的。某些重复性的研究不但可以验证结果，而且也可以进一步探索时间历史的变化对研究结果的影响，验证结果应用的正确性与普遍性。问题的重复研究关键在于有没有新的意义与价值，是否对原有研究提出新的质疑，是否有新的视野、新的成果。如2009年全国教育研究规划国家课题《现行国家学生体质检测标准质疑与重构研究》就是属于这种类型的研究，但它不是简单地重复研究而是在对原有研究进行质疑的基础上建立新的符合时代要求与现实状况的体质检测标准。

（四） 来自课题指南中的选题

应该说科研管理部门发布的课题指南都来源于理论和实践，只不过是科研管理部门根据教育研究与教育改革与发展的实际情况，把征集到的问题经过归纳、提炼、概括，以指南的形式提供给研究者选择。它集中了教育学各个学科在一定时期内所需要研究解决的理论与实际问题，反映了教育行政部门的意志和意图，代表一定时期内教育研究的发展方向，体现了教育理论与实践探索的实际需要，具有鲜明的引领性、导向性和指令性，是选题的一个重要来源和依据。怎样把握和理解指南对研究者十分重要。

（1）课题指南明确了各个学科所需要研究的热点难点问题，是选题的重点。研究者可从自己的研究专长、研究兴趣与爱好、基础与能力、需要与可能出发，选择体验与感受较深、有一定的研究基础、有可能出好成果的课题，找到自我研究与指南的结合点。

（2）课题指南所提出的问题是方向性与领域性的，有的仅是选题的范围和大的方向，但不一定就是一个可以研究的选题。也有的既是研究方向又是研究的选题，如招标课题就是包括了研究方向与研究问题的，研究者不能随意改变。申报人要注意根据选题方向和领域，对指南提出的选题进行具体分析，按照小、精、实、新的原则，对指南提出的问题做适当的调整，确定自己的研究课题，不要不切实际地照抄照搬。对指南提出的问题做适当的调整与转化，化大为小，化虚为实，化宽为窄。抓住其中的一个较小方面的问题作为研究的选题，如职业教育课程改革研究可从课程的项目化、模块化切入，把课程的研究落实到具体的项目化、模块化问题上来。基础教育新课程改革内容很宽泛，可具体转化到课堂教学中的师生合作与互动的策略研究上来。

（3）不要为指南所束缚，要根据自己的研究实际创造性地提出新的问题，学会借鉴，学会从指南提供的选题中获得新的灵感与启发，提出与众不同、别具一格、自主创新的选题。指南虽然具有权威性和指令性，但具有一定的局限性，所提示的问题不一定就是唯一的。因此，出资单位和科研主管部门在依据指南选题的同时，鼓励和提倡研究者根据国家所需、结合实际自选有重大研究价值的课题。

三、 把握好选题的基本原则

有关选题的原则国内有诸多学者曾有过许多的论述，有的提出选题要遵循"需要性、科学性、创造性、可能性"，[①] 有的则概括为"目的性、科学性、创造性、可行性。"[②] 毋庸置疑，这些都是比较科学可行的。把握好选题的基本原则，可以避免选题的盲目性，增强选题的科学性，提高课题申报的命中率。选题最基本的原则就是必须具备研究性即问题是否独特，是否能够通过特定的方法解决，可否获得有价值的成果。因此，一般应遵循下列原则：

（一） 价值性原则

看问题是否有理论与实践价值，价值越大课题就越有意义，越被专家看好，立项的可能性越大。当然做研究不是单纯为了课题立项，一项有价值的研究不立项也是要研究的，但立项是为了更好地研究，是为了能够在更大范围、更大意义上显示研究的价值。如有一位大学教授正在做教育资源学研究，这是一项前人还没有做过的研究，也没有正式申报立项，但并不等于没有研究价值。

（二） 准确性原则

教育研究的选题应该有明确的目的和方向，要针对教育的现实，切中教育的时弊，把握当前学科发展的趋势，符合教育改革实际发展的潮流。问题要真实准确，充分反映各研究要素的内涵与外延，表述要清晰，不能

---

① 李方 . 现代教育研究方法 ［M］. 广州：广东高等教育出版社，1997.
② 王铁军 . 中小学教育研究 ［M］. 武汉：武汉大学出版社，1997.

含糊其词，模棱两可，尽可能防止和避免核心问题的逻辑错误，以免出现理解上的歧义。

（三） 创新性原则

教育研究的本质在于创新，而选题的创新很大程度上决定了研究的创新。尽管研究的创新性最终体现在研究结论、研究成果、研究方法上，但其研究的创新性已经隐含在选题之中，有没有新意一般从选题上就可看出几分，因此要尽可能做好资料文献检索查新，尽可能避免低水平重复选题，努力做到研究视野新、题目表述新、研究内容新、设计采用的方法新。

（四） 可行性原则

所选择的问题应是可以研究解决的真问题，依据现有条件是可能完成研究任务出成果的。有一定的理论做支撑，有前期研究成果做基础，有研究条件做保障。研究内容宽度适宜，不宽不窄，目标不高不低比较适中，预期成果设计恰当。

（五） 规范性原则

学术研究不设禁区，但并不意味着不讲政治纪律和学术规范。选题要符合政治、道德、学术规范，尽量避免那些政治、民族、宗教、外交等敏感问题，避免那些自己没十足的把握，道不明、说不清的问题。一个明显存有硬伤的选题会是怎样的结果，答案是不言而喻的。

四、 选题要注意处理好几个方面的关系

（一） 选题大与小的关系

研究主题的大与小决定了研究目标的高与低，研究内容的宽与窄，也决定了获得成果的多与少，同时，也决定了研究的宏观、中观或微观。选题时，尽可能做到从大处着眼，从小处着手，"小题大做"，以小见大，透过小问题审视教育大背景。选题不一定是越大越好，也不是越小越有价值。

关键在于问题的内涵丰不丰富，重不重要。选题虽小而内涵丰富，有明显的关联性和拓展性，经过深入研究可能挖掘到更有重要价值的成果，对某个问题、某个学科产生深远影响，就是有价值的问题。但小题并不一定是好题，而好题一定是小题，好题加小题才是最佳的选题。选题大与小同时也是相对而言的，某些问题对于一个区域和局部可能是个较大的问题，但对于全国或全局可能是个相对较小的问题。对于某一个学科来说可能是一个较为宏观的问题，但对于整个教育研究学科体系来说又可能是一个较为微观的问题，因此问题的大与小不能光从字面上来理解，而应从研究者的研究视野、研究起点、研究目标与内容，以及所处的位置、环境、背景来评判。

（二） 选题新与旧的关系

教育的对象从本质上讲是永恒不变的，都是围绕人的教育、人的心灵塑造、人的成长和造化。这就决定了教育研究的问题也是永恒不变的主题，如人才培养质量的问题、课程体系改革与创新的问题、教育教学方法与方式创新的问题、教师队伍建设与管理问题等。任何时代、任何情况下都有问题值得研究。在选题时，要注意继承与发展，改革与创新。同一个问题在新情况、新要求、新背景下会给人带来很多新的思考，萌发出许多联想，触发新的研究冲动与灵感。找不到新的研究点，难以获得新成果；找不到新方法和新途径，也难以积累新经验，取得新突破。应该看到，老问题不是一成不变的，老问题也不是没有研究价值的，关键是怎样用时代的目光来看待永恒不变的老问题，用怎样的方式把一个陈旧和古老的话题转化为富有时代特色、符合时代要求、体现时代精神的问题。因此在选题时，应提倡"老树发新枝""旧瓶装新酒"，但是要避免穿新鞋走老路，低水平重复。旧问题是新问题研究的基础与起点，新问题是在老问题基础上的发展与深入。

（三） 选题难与易的关系

教育研究理应多鼓励迎难而上，越是难的课题从某种意义上讲越有创新价值。但现实情况表明，由于受主观和客观条件的制约，很多相对大而难的课题，一般人做不了，一般的力量、一般的投入很难完成，因此，要把握适度，从小问题入手，寻找突破口。选题的难易与课题的大小有关，一般大课题研究起来相对比较难，难在问题比较复杂抽象，研究的内容庞大，任务艰巨，需要投入较多的人力、物力、财力。相对小的课题问题可能比较简单具体，研究内容涉及面不是很广，投入的力量相对少一些，容易出成果。比如说基础研究是比较难的，需要有很长时间的理论积累，需要做很多学科的研究与实践的论证，没有足够的理论准备、学术功底和研究力量是难以取得重大突破的。而对于应用研究和开发研究则相对容易些，无须做过多的理论探索，可以借助现有的理论成果来指导研究，研究的问题非常具体而不抽象，比较简单而不是很复杂，但实际应用性强，容易出成果，容易解决问题，因此，应鼓励和提倡国家级和一流大学的研究机构多做基础研究。地方科研机构和学校一般来讲，研究基础、研究条件、研究力量相对比较弱小，更多的是承担应用性研究，多从解决实际问题着眼选择研究的方向与主题，才容易产生成果获得成功。总之，要有攻克难关的勇气，但要量力而行。要有高远的目标，但也切忌好高骛远。

（四） 选题理与行的关系

所谓"理"主要是指理论性研究选题，"行"是指实践性、应用性研究的选题，两者要有区分但又要兼顾。一个好的选题要有理论高度和深度，即使是实践性、应用性的课题，同样要有理论的支撑与回答，不能就事论事。同时，又要特别注重解决实际问题，取得实际效果。一般来讲，地方教育研究机构和高校纯理论的问题少选或不选，不是理论研究不重要而是难以出实际成果，难以解决当前教育改革与发展中的现实问题，更多的是需要"短、平、快"的行动研究、应用研究、实证研究。因此，要注意理论研究与应用研究有机结合，注意多选那些实践性、应用性较强的问题，尽可能避免"上不着天下不着地"，空谈理论但实际不着边际的研究。对于高校尤其要注重教育行动研究，很多问题都是在行动中产生，在行动中研究，在研究与行动中获得解决。行动研究对于教师来说十分普遍和重要，也更符合学校工作的实际。因为不可能关起门来把某一问题研究好了再去实践，更多的可能是在教育改革的行动与实践中去发现研究解决问题，在这方面行动研究可谓是教师做研究最有效的途径和方法。现在的问题是如何把理论的归纳提升与实践的推动运用有机地结合起来，改变重行而轻理或重理而轻行的倾向。

五、　选题思维策略

发现问题是为了解决问题，目的在于探究真理和改变现状。因此，发现问题经常是从观察和怀疑开始的，要进行多向思维，探究事物真相。其路径是：怀疑（熟悉学科内容，养成反思习惯，怀疑权威论断）—逆向思维（变换角度，反向思考）—类比（与其他领域的现象、事实有相似或共通之处）—深入探究事物真相。在科学研究中，一个问题本身经常带来很多新观点，在这个过程中，质疑也就开始了，很多人也参与进来，这就实现了通过一些简单问题的切入，最后将问题细化为多层次、多方面。因此，科研之路是争论而不是顺从或从众，争论基于观点的价值，而非主张者的背景、地位和声誉。

第二节　教育研究课题的设计

设计是对理想境界中的选题进行整体构想，提出研究的具体规划与实施计划，通过设计将研究问题化为具体的研究行动方案和计划，使研究有可能成为现实。

一、 课题设计的基本框架

（一） 课题名称

课题的题目要具体明确而无歧义，字数不超过 25 个字为宜，尽量少用"我"，不用副标题。

（二） 问题的提出

交代背景，分析国内外研究现状，说明研究的价值与意义。

（三） 研究的理论依据和研究假设

介绍运用何种理论做指导，提出研究假设，找到研究主题及其变量之间的关系。

（四） 核心概念的界定

表明课题所研究的对象、范围，明晰核心概念的内涵与外延。

（五） 研究目标与内容

确立研究要达到的初始目标与终极目标，提出课题研究的具体问题。形成若干个子问题体系，从不同侧面和维度进行研究。

（六） 研究的方法

决定和选择课题所采用的主要研究技术和方法。

（七） 研究思路与步骤

明确课题开展研究工作的具体策略与路径，表明研究的重点与关键之处。

（八） 研究保障

表明课题所能控制运用的研究资源。

（九）　研究队伍

明确课题组成员及分工，形成知识学科、职称职务结构合理，有年龄梯度的研究团队。

（十）　研究经费

对获得资助的经费做出合理的预算分配方案。

（十一）　研究成果预测

表明预期的科研成果形式和数量。

（十二）　资料附录

表明研究者掌握的研究资料与参考文献。

二、　课题设计的技术操作

（一）　怎样做研究现状述评

研究现状述评是课题设计必不可少的重要内容，是研究者提出问题的重要依据和基础。在整个课题设计中是文字最多、篇幅最长、位置最靠前的部分，是专家评审时对该选题提出的由来、占有资料与信息广度与深度、研究意义和价值进行考察的重要依据，在整个设计中起着举足轻重的作用。现状述评分两层含义：一是要"述"，二是要"评"。所谓"述"，即对这个问题目前在国内、国外的相关研究进行综述，阐述迄今为止国内外曾经有哪些学者对这个问题进行过研究，研究了些什么，取得了哪些研究成果，形成了哪些重要的学术观点。运用研究者掌握和搜集到的文献进行综合性阐述，目的是寻找现有研究的不足，为自己提出的问题找到创新点。综述部分要尽可能全面详尽真实地做好文献的收集与整理工作，不能随意杜撰，断章取义。引文出处也要规范，避免侵犯知识产权。

所谓"评"，就是对前人已取得的成果、形成的学术观点、研究的方法与采用的技术等进行分析比较，做出概括性的评价。表明研究者对已有研究的看法，指出哪些研究不足，有哪些可进一步研究的空间与接口。研究者所做的这项研究与前人的研究成果相比较，切入点和落脚点有哪些区别，有哪些创新与发展，将会产生什么样的成果，这些成果的取得和突破对推动教育理论创新和教育改革实践将起到什么作用，有着什么价值和意义等。评价要客观，概括要精练，不能凭个人好恶，刻意贬低与拔高，言过其实。"述"和"评"两者的关系紧密相连，相互依存，缺一不可。述的目的是为了评，是前提，是基础，是铺垫。"评"是对"述"的深化概括，提炼上升。

（二） 怎样界定课题的核心概念

课题的选题中一般有一些关键性词语，隐含了一个或多个概念，有的已经是约定俗成，十分常见，不需要对其内涵和外延做出解释和界定。但也有一些是别人不清楚，理解起来容易产生歧义，需要进行界定的。尤其是其中核心的问题如果界定不清，将会使研究的目标与研究对象、范围、内容产生不确定性，直接影响到研究目标、研究方向、研究的信度与效度，因此要重视概念的界定。课题界定即对研究的核心概念进行明晰，阐明概念的内涵和外延，明确研究对象，确定研究范围。界定方法常常采用逻辑学一般概念的实质定义方法来界定，如种概念实质定义法是指"属加种差"，即种概念＝属概念＋种差；"世界一流私立大学与我国普通高等学校的比较研究"中属概念有两个，即世界一流大学和私立大学。世界一流大学是什么？本课题中研究的世界一流大学指哪几所？私立大学是什么？本课题中研究的是哪些一流的私立大学？相对前者种差为"私立"，相对后者种差为"世界一流"。

（三） 怎样选择研究的理论依据

理论依据即课题研究的理论起点、理论指导、理论前提。所谓理论一般是指为实践所证明的检验，得到社会所公认的才称其为理论。做任何一项研究都需要有一定的理论做指导。古今中外，当代近代可供选择的教育理论很多，如教育学原理、心理学原理、教育经济学、教育系统学、教育社会学；还有马克思主义认识论、现代哲学理论、教育人本理论、教育公平理论、可持续发展理论、建构主义理论、人力资本理论、多元智力理论、主体教育理论、情境教育理论、生命化教育理论、理解教育理论、新课程理论等。选择理论指导要讲究科学性，一项研究并不是理论依据越多越好，要选择与本研究有直接联系、有针对性指导的理论，不能生搬硬套、滥竽充数。同时，要注意理论的逻辑性，上位理论与下位理论不能交叉重叠。还要注意理论的连续性，使之贯穿整个研究的始终。有的研究者常把政策文本和领导讲话作为理论依据，这是不可取的。因为政策文本与领导的讲话行政意志和长官意识太强，受其主观因素的影响和制约太多，还需实践的检验和理论的完善、做研究的政策依据比较贴切和适宜。

（四） 怎样设定课题研究假设

一项科学研究一般都应有研究假设。什么是假设？是指"从已有的事实和科学原理出发，对实践中观察或研究到的、以往的理论没有说明或当时不能说明的一些现象做出理论上的假定性说明"。[①] 也就是说根据事实和已有资料，对研究课题设想出一种或几种可能的答案、结论。这种假设是根据一定的科学知识和新的科学事实对所研究的问题的规律或原因做出一种推测性的论断和假定性解释，是在进行研究前预先设想、暂定的理论。对各种教育问题和现象所做的且尚待证明的初步解释都属于假定性质。研究假设一般具备以下4个特征：一是必须以客观事实或科学理论为依据，不能凭空想象，毫无依据。二是研究假设必须具有较强的解释能力，具有可检验性和验证性。三是研究假设必须具有一定的预见性，而且这种预见性

---

① 田运. 思维辞典 ［M］. 杭州：浙江教育出版社，1998.

是建立在某一事物现象的初步判断基础之上，具有客观性。四是研究假设表述要清晰，解说要准确，符合语言逻辑。一个好的研究假设要达到以下 4 条标准：一是假设应以叙述的方式加以说明，明确表示研究者设想在两个变量之间有还是没有关系，因此不能以提问的方式表述假设。二是假设应说明两个以上的变量关系，但每一个假设中，只能陈述两个变量之间的关系；两个以上的变量之间的关系，可以有一组假设。三是假设有待检验，并可以检验。前面已经讲了假设是对研究结果的一种猜想，但这种猜想是有待于检验的，也是有根据的，不能凭空捏造。四是假设应全面反映课题中涉及变量的不同值之间可能存在的关系。例如，华东师大曾有一位教授做过一项有关"充分开发儿童智力研究"的课题，其假设是"儿童具有很大的潜能，特别是有相当一部分儿童因为先天和主要是后天的种种原因智力发展比较好，只要教学过程组织得比较合理，就能提早打开儿童的智慧闸门，使得智力水平在中等以上的儿童提前 3 年时间完成现行高校所规定的教学任务，获得良好的发展。"

（五）　怎样确定研究目标与研究内容

研究目标和研究内容是课题设计论证的主体核心部分，是研究选题的进一步深化和细化。研究目标可分为初始目标和终极目标。初始目标是本课题最初需要解决的若干子问题。终极目标是通过这些子问题研究，最终需要解决的总问题，如"构建以能力为本位的'六位一体'职业教育课堂教学模式的研究"，它的研究目标是：通过对职业院校学生职业岗位的需求分析、项目化教学、素材的选取、单元设计、生成性评价和校本课程的开发等研究（初始目标），探索职业院校课堂教学模式的改革，构建以就业为导向，以能力为本位，有利于培养学生的综合能力，提升综合素质的新型课堂教学模式（终极目标），促进高职院校教学改革。研究目标的表述可以用简短的语言进行概括，也可以分解为几个小目标，按数字顺序排列进行表述。

在研究目标下具体提出和探讨的问题即研究内容。研究内容要有强烈的问题意识，每一项内容就是一个相对独立的与其他问题又有联系的问题或是一个子课题。每个问题都要具体，与研究目标紧密相关。问题与问题之间有一种内在逻辑联系。文字表述要使用探究式和研究式的形式，不要用肯定式和陈述式表述，如"某某问题的研究"。问题的排列也要讲究顺序，先研究什么后研究什么，形成一个有机的整体。问题不要设计得太多，问题越多研究任务越重，难度越大，应突出主要矛盾，重点突破热点、难点问题。

（六）　怎样选取研究方法、研究思路与技术路线

科学的结论取决于科学的研究，科学的研究又完全得益于科学的方法。常用的方法有：文献研究法、个案研究法、调查研究法、行动研究法、质的研究法、叙事研究法等。在做设计论证时方法的选择不能太原则，太笼统，力求问题与方法相对应，什么问题用什么方法要具体翔实，不能仅限简单地罗列出几种方法。

研究方法应该是专业性、学术性的，有的表述为上下结合法、点面结合法；理论联系实际法仅是研究工作策略，不是研究方法。

所谓研究思路与技术路线是指对研究的总体把握；研究从哪里进入，从哪里开始，从哪里突破；注意些什么样的研究策略，先做什么后做什么，主要做什么，重点做什么；本研究关键性的技术难点在哪里，怎样去解决；工作流程是什么，等等。恰当的研究思路与技术路线有利于研究的科学有序地推进。要体现有所为有所不为，有所先为有所后为。

（七）　怎样预设阶段性和终结性成果

提出问题是为了研究问题和解决问题，解决问题要用成果来回答支撑。在设定预期成果时，首先要明确本课题打算出什么样的成果，是论文还是专著，是软件开发还是做软件的使用推广。要根据研究的定位来决定，学

理性研究一定要有理论成果、理论建树、理论创新，当然也要注意成果的实践性。应用性研究重在寻找问题的原因，提出解决的办法与策略，其成果能够推动实际工作，产生实际效果。开发性研究，既要重视开发的理论创新又要重视成果的实际应用价值，理论与实践成果兼而有之；要明确成果的数量，即出多少成果。在两个前提下，紧扣研究目标和内容来设定成果的名称与表现形式，努力做到研究内容与成果相对应，成果与成果表现形式相对应。成果的设定要量力而行，不能贪大求全，更不能不切实际夸海口。

（八） 怎样组建课题研究团队

研究团队的组建既是课题设计论证中的一个部分，也可作为研究条件的保障单独考虑。一个结构合理的研究团队对做好课题作用非常重要。组建研究团队时要做到"五要"：一要注意年龄结构，形成研究梯队；二要注意学科结构，形成多学科的支撑与融合；三要注意理论工作者与实际工作者的结合，推动理论与实践双重探索；四要注意行政领导与一线教师的结合；五要注意专家的参与和指导。

（九） 怎样规范课题参考文献

标明参考文献是遵守学术规范的需要，也是课题设计必不可少的内容之一。参考文献的作用：一是帮助读者了解有关本课题的研究历史和已有成就，作为进一步研究的依据；二是尊重他人的研究成果，同时体现作者治学的严谨；三是为别人提供查证的线索，避免由于马虎，转引他人研究观点而产生误解或不同的理解。

参考文献的多少与质量反映研究者对本课题的历史和现实研究水平的了解以及科学态度和求实精神。在引用时，应注意比较，要确实对本课题设计有针对性和参考性。遵循引文规范，按学术规范标明文献名称、作者、文献来源和日期。精心选择，不需要太多，要有代表性。

第三节　教育研究课题的论证

在一般情况下人们通常习惯把课题设计与论证连在一起来讲，其实，严格意义上讲设计与论证有联系也有区别，两者不能混为一谈。设计主要是把课题的总体框架构建好，而论证是对总体设计框架的必要性、科学性、创新性与可行性从理论与技术的层面进行分析求证。两者同时发生交织在一起，对于有经验的研究者很容易把握，但对于科研新手则需要从理论到实践加以澄清。

一、 课题论证的目的

论证的目的主要包括4个方面：一是论证问题的真实性和现实性。运用已掌握的文献资料考证问题是否存在，是否可能解决。二是论证研究的科学性。所提出的问题是否有充分的教育理论或教育实践依据，研究的前提是否成立、可靠，有没有研究基础，有没有前期研究成果。三是论证研究的创新性。研究的创新点在什么地方，与其他同类研究相比有何重大的突破，研究的视野有什么不同，研究采取了哪些新的方法，将会产生什么样的新成果。四是研究的可行性。完成课题研究的充足条件与必要条件是否具备。

二、 论证的具体技术要求

通过论证需要达到以下技术要求：

（1）明确课题的定位：是理论研究还是应用研究？是实验研究还是开发研究？

（2）明确课题研究的重要性：有没有分析比较，有没有足够充分的说明？

（3）问题的设计是否紧扣研究主题或偏离主题？研究目标是否清晰明了？研究内容是否紧贴研究目标？是否将研究主题细分为若干个分问题，分问题之间是否存在内在的逻辑关系？

（4）研究假设的设定是否清楚明确、表述合理，是否可以验证？

（5）有关研究变量的定义和描述是否完整，要进行哪些变量的前测和后测，要运用哪些量表和工具？

（6）研究选择哪些样本？样本是否过多或过少，范围是否适中？是否有代表性和典型性，是否具有可信度？

（7）研究难点与核心问题在哪里？最先从哪里切入？从哪里取得突破？

（8）研究所应该具备的基本条件是否得到满足，需要什么样的外部环境和条件？

（9）预期成果是否对应研究目标与研究内容？成果表现形式有哪些，完成的可能性有多大？数量是否足以支撑研究目标，成果的层级和档次是否定位得当，能否确保满足结题的要求？

（10）参考文献是否具有新颖性？是否具有代表性和完整性？是否符合学术引文规范？

第四节　教育研究课题的申报

一、课题申请基本程序

教育研究课题的研究是教育研究活动的重要内容，各层级研究课题的确立与开展，有效推动着教育研究的发展与进步。课题申报则是开展课题研究首先要面临的问题。因此，全面系统地了解与掌握课题申请的一般程序与过程及课题申报书撰写的要求与技巧，是迈出教育研究课题申报的第一步。

教育研究课题主要是各级课题管理单位根据当下教育教学发展热点、重点问题及发展趋势，结合广大专家学者对不同领域研究问题的思考、反馈及不同地区范围的实际情况，通过课题立项或项目招标的方式下达给个人的研究项目。这些科研课题的基本运作程序是：课题管理部门发布征求课题研究的选题征集——各学校（科研单位等）进行选题预报——课题管理部门下发课题申报通知——申报者提交课题申请——各单位组织专家评审——报课题管理部门——课题管理部门组织专家评审——批准立项——研究论证——中期成果撰写——形成最终成果——提请结题验收——成果的转化与应用。

　　掌握课题申报的基本程序是做好研究课题的第一步。各层级课题申报的时间不一，需要平时多关注学校科研动态，以便第一时间开始申报。实际上科研课题的申报越早准备越好，如果提前做好前期的相关工作，便能在申报工作开始后，事半功倍地进行申报。根据各校大量实例可看出，不少老师不是没有科研实力与能力，也不是没有研究团队与时间，而是在课题申报通知下达后，匆忙赶写申报书未果，错过申报时间，这的确让人感到遗憾。同时科研课题申报非常讲究前期研究基础，即申报者对自己所申报的选题，有什么前期先行思考与研究。尤其在高层级科研课题申报中，很看重前期相关研究基础，没有前期基础可能直接被淘汰。前期研究基础不仅是自身科研实力和能力的一个展现与证明，也是做科研项目的一个保证，所以不能等到学校申报通知下发后，才开始着手进行准备，而应尽可能早地着手。

二、 课题申请填报说明

　　（1）课题名称。课题名称要使用课题研究的名称，不宜采用通信稿或诗歌、散文式的标题。

　　（2）课题主持人。课题主持人必须是课题的实际主持者，如课题组成员较多或有其他原因需协助负责人主持研究工作的，可设第二主持人。

　　（3）课题组主要研究成员的基本情况。主要包括参加课题研究人员的姓名、年龄、职称、工作单位、研究专长及近期研究成果等。提倡学校独立研究，也提倡跨校联合研究，这有助于课题研究水平和速度的提高。

（4）负责人和课题主要成员前期研究情况和研究水平。"负责人和课题主要成员近三年来取得的与本课题有关的近期研究成果"及"近五年规划以来承担的主要研究课题"均指主持人或该课题组对课题的前期准备状况取得的相关研究成果。课题在评审过程中，相关的研究成果非常重要，因为有准备、有前期研究，课题进行就有良好的基础。

（5）与本研究相关的研究概况。要了解国内外在该领域的教育研究概况，对相关研究的进展程度要心里有数。这样，可以借鉴别人的长处，避免重复别人的研究思路，同时，也能使自己的研究站在已有研究的基础上进行，使层次更高。

（6）预测研究的理论意义和实践意义。研究该课题对学校的管理、教育、教学等工作的推动作用，要重点说明该研究内容的创新、突破点。

（7）研究的目标、基本内容、研究假设。明确课题研究的目标、基本内容、研究假设，其中必须突出重点、难点和创新之处，对研究要解决的问题要有一个明确的目标，对研究的内容要尽量详尽。

（8）研究思路、方法、手段及资料准备。确定本课题研究的思路、方法、手段及资料准备。方法要具体化。如调查法，如果使用问卷调查，必须说明问卷的出处，是自己设计的，或是借用别人的，还是在别人设计的基础上进行改良的；还必须说明调查的对象是谁，什么范围；是集中调查，还是分散调查等。方法的使用直接关系到课题研究的过程、结果的科学性，所以要尽量表述清楚。

（9）制订研究计划。明确该课题研究要分几个阶段进行，每个阶段的时间，进行什么方面，什么程度的研究，由谁来承担研究，成果是什么，最后的研究成果是什么等。整个研究的思路要清晰、指向性要强，计划的制订要根据实际。随着研究的发展出现新情况时，可适当调整计划，但较大的调整，如主持人变更、调整研究题目或主要内容，课题结题时间延长 1 年以上的，要及时上报规划办。

（10）经费。要对课题研究所需经费进行较为精确的估算。教育研究的得益者是学校，学校对教育研究的经费要有一个明确的态度，确保本单位组织或参与课题研究的顺利进行。

（11）课题依托单位意见。课题依托单位要对申请书进行全面审核，对课题主持人的政治表现、科研能力、科研态度、研究精神等承担信誉保证，对完成该课题的研究条件，如经费、人员、时间、物质保证等签署明确意见，并加盖公章。

三、　各级课题申报程序

（一）　校级课题申报

校级课题是广大教师接触到的第一层级课题，也是整个教育研究课题申报中相对容易的一项。

1. 校级课题申报基本程序

校级科研课题主要是各校根据当下教育教学发展热点、重点问题及发展趋势，结合本校所在地区尤其是本校校情与发展实际问题，通过课题立项方式，下达给个人的研究项目。它是各学校根据国家和地方政府科技发展规划，围绕学校科研发展目标，立足现状，以科研人才培养为主线，以争取省部级、国家级项目和入选各级各类人才计划为目标而设立的"育苗"和"预研"项目。校级科研课题对学校培养科研后备人才、活跃学术氛围、提高科研创新力均起到积极作用。

校级课题申报的基本运作程序是：学校下发校级课题申报通知——教师个人提交课题申请——学校组织专家评审——批准立项——研究论证——中期成果撰写——形成最终成果——提请结题验收——成果的转化

与应用。

2. 校级科研课题特点

在申报不同层级教育研究课题前，要先了解与研究自己拟申请课题的特点，这是最基础的工作。

校级科研课题的特点主要有：

（1）与地区及国家科研发展规划有效衔接。校级科研课题的设立必然要与国家和地方政府的科研发展规划相衔接，校级教育研究课题属于校级课题的一种，也同样遵循此原则。因此，校级科研课题的设立会以国家和地方政府中长期科研发展规划为基础来确立重点研究领域，然后根据学校科研现状确立科研发展目标，选择性地开展校级科研课题，以此来增强承担省部级、国家级课题的研究能力。

（2）选题需紧密联系本校实际。无论哪个层级的课题，在立项环节都会优先考虑那些致力于研究、解决本层级所属地区的教育实际问题，因此国家级和省部级和有些学校在课题申报之前会发布申报指南，可根据指南情况寻找自己的研究兴趣点。大多数学校在校级层面科研课题申报中没有指南，给大家最大申报空间，如何利用好这个空间是个问题。有些老师在申请校级课题时，偏偏去研究别的地区、别的学校的现实问题，这显然不利于获准立项。

（3）研究规格不宜过高。应将学校校情和学校实际问题放在首位，致力于解决学校现实问题。范围较宽泛、难度较大的问题最好不要过多涉及。有些老师在校级课题申报中，动辄用"中国基础教育存在的问题与现状研究"等题目作为课题名称，完全没有结合校情，更没有结合自己的研究实力。这种规格太高的问题不是一人之力、一校之力能研究透彻的。因此在校级课题申报中，教师要注意结合校情与学校实际情况，切忌好高骛远。

（4）研究经费一般偏少。校级课题经费是学校行政经费分拨而来，本身经费有限，因此在申报时一定要规划好研究问题的深度与难度，有需要调研的必须注意调研成本问题。其实经费偏少也在一定程度上限制了研究课题的规格，并直接指向学校需解决的现实问题。在经费有限的情况下，大家在考虑完课题规格、难易程度、调研范围等问题后，还要在经费预算方面好好考虑一下，预算要合理可行。

3. 校级课题申报常识及技巧

校级课题的申报一定要遵循如下特点：

（1）克服胆怯心理，积极申报。校级科研课题是一个起点，是教师科研课题的基础部分。校级科研课题的设立就是为教师搭建一个科研历练平台，促进教师成长，提高科研实力与能力，以此冲击更高级别的课题。因此在校级课题申报中，教师无须有太多心理负担，不用担心自己能否立项，要积极踊跃申报，将校级课题研究当作科研提升的第一步。

（2）在选题时，兼顾国家与地区科研中长期规划。校级课题与地方政府及国家中长期科研规划均具有衔接性，因此在选题时要注意大选题方向，从国家和地方科研需求着手，但一定要落地，落到本校实处，紧密联系本校实际，突出解决本校存在的教育实际问题。

（3）控制好研究规格。基于上述两点，大家在确定校级科研课题时，要控制好研究规格，结合自己的实力与能力，脚踏实地申报，先做好自己能力范围内的研究。

（4）经费预算要得当。一般校级科研课题的经费都不会很多，这就要求大家在填写申报书时，要做好科研经费的预算，不要超支，力求稳妥立项。

（5）注意申报要求中的各项小细节。例如申报活页中不能出现直接或间接透漏申报者信息的地方，主持人和申报者签名一定不能忘记等。

教师可将校级课题研究作为一个基础，提升自己的科研实力，沉淀科研成果，以此实现纵向、横向科研课题数量及科研经费的不断突破。

（二） 区县级课题申报

1. 区县级课题申报概述

区县级课题是广大老师能接触到的第二层级课题。它主要以丰富科研体验，继续培育科研能力、情感为指向，强调问题解决。区县级课题承担者可在研究中进一步学习并熟悉课题研究的基本程序与方法，规范性做课题以解决实际问题，并从中获得科研归属感，即区县级课题研究可增强研究者科研信心，锤炼科研队伍，积蓄科研经验并感受科研效力和自身能量。

区县级课题在申报前，一般由区县级教科研管理部门根据区域教育改革与发展实际，制定区教育研究规划和课题研究指南。《课题指南》是对课题申报者选题进行指导的一种有效而具体的方式，可使课题申报及立项聚焦在区域教育发展的热点、难点问题上，使课题研究为区域教育发展服务。

2. 区县级课题申报常识与技巧

区县级课题申报必须依据指南选题进行，一般自选题目很少获立项。选题可对指南大题目进行具化与细化，从小处着手，实现"小题大做"。

（1）选题题目。先说选题，区县级课题的选题要做到小而具体，指向某个小问题的解决。大而空的选题或问题一般极难立项，一定要贴近地区现实。

（2）研究内容。区县级课题研究范围要尽量窄，研究内容力求单一，切忌在申报时进行"宏大叙事"，也不可罗列过多研究内容。

（3）研究方法。区县级课题研究方法宜采取易于把握实施的单一方法，如观察法、调查法、个案研究法等。

（4）研究周期。区县级课题因为指向实际问题的解决，讲究及时性，所以一般应在一两年内完成，以凸显时效性。

（5）文本呈现。在课题申报研究方案中，区县级课题的申报侧重从以下几方面阐述：

首先是为什么研究，也就是对课题研究针对的现实问题进行比较到位的梳理与较深刻的分析。

其次是具体研究什么，包括研究目标与研究内容，即针对现实问题明确提出自己的实践计划（行动目标），详细说明将从哪些方面入手，开展哪些具体实践活动达成研究目标。

最后是怎样去研究，即明晰研究步骤与方法。详细论述如何按部就班开展哪些具体工作及采取何种措施，将主要采用什么研究方法，以及用何种形式来呈现课题研究的最终成果。

（6）预期研究成果。区县级研究课题最终的研究成果一般为研究报告，较少为系列论文和专著，因其实质主要在解决现实问题。研究报告的撰写，除阐明"研究什么""为什么研究"及客观如实地叙述"怎样研究的"之外，还应重点呈现以下两项内容：首先是具体研究了什么，取得了哪些研究成果，产生了哪些实践成效。在此基础上要具体、有条理且详细呈列相关事实信息和数据信息，尽可能将自己的实践体验与感性认识进行概括与提升。其次是研究反思。这一部分包括：课题研究是否预期解决了问题，有哪些收获，遇到哪些问题，将如何改进等。

（三）省级课题申报

1. 省级课题申报概述

省级课题申报通常有两种渠道，仅以重庆市为例，可以申报重庆市教育研究规划办的重庆市教育研究规划课题，也可申报重庆市社会科学规划办的重庆市社科项目。前者仅针对教育学学科，后者涵盖社会科学各领域。

省级科研课题研究以创建科研风格、培植科研特色为指向，强调自主与创新。省市级课题申报者要明确申报目的在于综合、熟练地运用科研方法开展研究，不断优化提升科研素质，增强问题意识及科研创新意识，提高研究的专业程度和效度，在科研过程中体验科研创新的幸福感。同时，省级科研课题申报者要善于规范发展，形成科研核心团队，不断提升科研实力与科研品质，为以后申报教育部及国家级课题做准备。

2. 省级课题申报注意事项

（1）选题题目必须紧扣本地区现实，应具有现实性、普遍性和一定的前瞻性。

（2）在研究内容方面，研究范围可适度放宽（相较于校级和区县级课题而言），研究内容一般要进行分解与细化，可分解成若干子课题或细化为若干方面，不可只具有单一性。

（3）研究方法方面，须综合运用若干易于把握和实施的科研方法，如文献法、观察法、调查法、实验法、个案研究法等。

（4）研究周期，一般应规划为 2～3 年，必要时可适当申请延长研究周期。

（5）文本呈现方面，一般应从以下五方面重点进行设计。

一是课题研究的现实意义。首先，一定要阐明课题研究背景，即围绕提出的问题，对本区域内外同一研究领域现状、趋势进行必要分析，以体现课题研究的继承性和创新性。其次，要明确课题研究的现实逻辑起点，即论述是基于怎样的现状启发来开展课题研究的，其中现状应是地区本位的，要凸显课题研究的现实针对性与实践价值性。

二是课题研究的主要依据。支撑每一项课题研究的依据通常是多维的，比如要考虑政策、实践基础、教育理论、研究环境等因素。但应注意，相关依据不能仅限于引述，最重要的是结合课题，论述这些依据对课题研究的启发与引领，要将这些依据"融入"自己的课题中来。如果能结合这些依据，或者以这些为引领确立自己的研究理念，效果则更佳。

三是课题研究的目标与主要内容。首先，要明确对课题进行界定，即核心概念界定，对课题题目中涉及的关键词进行准确界定，厘清课题内涵与外延。其次，提出研究目标，即通过研究要解决什么问题，解决到什么程度，最终达到什么效果。最后，列出研究内容，也就是为实现课题目标将从哪些领域展开研究，从哪些方面切入。研究内容的表述要明确，尽可能详细分列，注意与研究成果之间的对应关系。

四是课题研究方法与步骤。在研究方法中可分述，先说明课题研究过程中将要运用的主要研究方法，之后分阶段规划研究进程（如先做什么，再做什么，最后做什么，每个阶段应设计开展哪些调研、研讨、培训等活动），最后明确课题阶段性和最终研究成果的呈现形式。当然，也可将研究方法、研究步骤及预期研究成果结合起来同时论述。每个研究阶段要完成哪些研究任务，开展哪些活动，要完成这些任务应主要运用什么研究方法，预计取得哪些成果，这些成果分别以何种形式呈现（如案例反思、调查报告、教育故事、经验总结、专题论文、研究报告等）。

五是课题研究保障。首先要详细列出课题研究团队及其分工、主持人、主研人员及研究人员。要根据各自不同的专业能力、研究意愿和岗位优势，对各自职责分工进行明确界定。其次是提出课题实施保障。即为确保课题研究取得预期成果，应充分考虑分别采取的策略与方法，对于必需的物质支撑、经费支持加以明确，也要充分阐述课题前期已取得的研究成果及已具有的文献资料等。

（四） 全国教育研究规划课题申报

教育学是哲学社会科学的重要分支学科。全国教育研究规划课题是以教育学为学科基础，由全国教育研究规划领导小组办公室面向公共服务部门设立的公益性教育研究项目。全国教育研究规划领导小组办公室对一定时期内全国范围的教育改革与发展的全局性、前瞻性、综合性与战略性的问题进行全面规划，通过发布课题指南，按照层级申报程序进行申报评审立项。全国教育研究规划课题的申报有专门的组织机构，并依照相应管理办法进行管理。目前全国教育研究规划课题分国家级和部级两个类别，前者为国家社科基金项目的教育学课题，后者为教育部级课题。

近年来，随着教育改革的不断深化，广大高校教师的科研热情不断增强，申报全国教育研究规划课题的水平与质量也在不断提高。这些课题之所以能获立项，便在于课题有一个好选题和科学严谨的设计与论证。有些老师的课题屡报不中，这就需要在选题和论证上查找差距与缺陷。

1. 全国教育研究规划课题申报指南

全国教育研究规划重点招标课题指南如下：①教育现代化评价指标体系及推进路径研究；②以课程和教材改革推进立德树人的研究；③人力资源强国评价指标体系与实践路径研究；④"人民满意的教育"内涵及测评研究；⑤升学考试制度改革的基本目标与总体框架研究；⑥高校学生数字化学习能力与测评研究；⑦学生健康素养评价指标体系研究；⑧职业教育推进县域经济和城镇化发展的实践研究；⑨以生为本的高校教育质量评价体系研究；⑩教育国际化政策及其实施效果的国际比较研究。

从上述的课题指南可以看出，全国教育研究规划课题选题范围很广泛，不再是局限于某一地区某一问题，而是侧重全国范围的宏观研究。这就从选题上对老师们提出要求，不能再以省级、区县级课题选题视角来思索，而要实现自我超越。

2. 全国教育研究规划课题申报注意问题

（1）确立问题意识，打好研究基础。问题意识不是在课题申报通知下达后才有，而要注意平时有意识地去训练和积累。此外，申报全国教育研究规划课题必须有前期成果。前期研究对课题申报有很大影响：第一，它能反映申报者在本领域的研究进程。如果申报者完全是本领域的陌生人，那么申报材料也无法体现对本领域前沿问题的认识，评审专家自然不会认可。第二，前期成果可证明研究者在本领域的研究能力与水平。通过前期成果，评审专家能很清晰地了解申报者的研究成就，这是深入研究的前提。大家在申报时，注意填写自己在高级别刊物上发表的成果，一般刊物应少填或不填。前期成果积累需要一个过程，它也是凝练研究方向、提高研究水平的一个过程，因此要提前做好准备。

（2）精心选择研究问题。选题时先注意教育研究规划课题的分类。教育研究规划课题分为 14 个科类：教育发展战略、教育基本理论与教育史、教育经济与管理、基础教育、职业技术教育、高等教育、教育信息技术、德育、成人教育、教育心理、比较教育、体育卫生美育、民族教育、国防军事教育等。有些老师在课题申报时，选题和论证都做得很好，但因没准确填报学科分类，将德育报至教育心理，或将教育史报成教育基本理论，这便得不到非同行专家的认可而被淘汰。因此，准确填报学科分类是课题申报的前提。

申报全国教育研究规划课题时，选题的由来同其他课题一样：首先，从现实问题而来。随着社会的发展，教育改革发展不断纵深化，新问题不断产生，为大家选题时提供了依据。其次，选题可从各类教育理论发展中选择。教育实践需要教育理论创新，创新便需要提出新问题，开辟新研究领域。再次，选题可从大家自身对教育的思考而来。在教学科研中不断积累大量感性认识与思考，甚至疑惑顾虑，这些都可成为选题的逻辑起点。最后，选题可从别人的研究中寻求启发，研究均是建立在前人基础上，需要在之前的研究中寻求启发与突破。①

有了基本的选题后，要考虑选题的创新性、价值性、可行性和实践性。此外，在选题时还应注重学科交叉，力求选题创新有独见。科研要求有创新意识，交叉学科是重要的创新领域。我国"十二五"期间研究的主要任务强调实施跨学科重大专项研究，大力促进基础学科之间、基础学科和应用学科、哲学社会科学和自然科学之间的渗透融合，在推动各学科在互相借鉴、共同发展中培育新学科增长点。因此，可多从交叉学科视角出发，选择新颖的研究问题。

---

① 李倡平．论教育研究规划课题申报的设计与论证［J］．中南林业科技大学学报：社会科学版，2010（4）．

（3）写实研究现状述评。全国教育研究规划课题申报中，课题研究背景，即国内外研究现状述评，是非常重要的内容，要以很少的字数凸显问题提出的重要依据和基础，因此写作时一定要全且实。

研究现状述评一定要把握好两个关键点即有"述"，有"评"。"述"的目的在于评，"评"是对述的深化。"述"是对国内外相关研究进行综述，即哪些学者对本问题进行过什么样的研究，取得了哪些研究成果。在综述时要努力做到全面、真实，不可断章取义。"评"是对目前已有学术观点及研究结论进行概括与评价，即对已有研究如何看待，这些研究有哪些不足，又有哪些继续深入的研究空间，自己做这项研究与前人相比较，切入点、重点和落脚点有哪些区别，有哪些创新与发展，可能产生什么样的研究成果，这些成果的取得与突破对教育理论创新和教育改革实践会起什么作用，具有什么价值、意义等。应注意，评价一定要客观，概括要精炼，不可随意贬低或拔高。

（4）准确界定核心概念。在课题中，一般包含着一个或几个核心概念，如果对其界定不清，会使研究对象、研究目标、研究范围与内容等产生不确定性，直接影响研究结果的效度与信度。核心概念界定即明晰核心概念的内涵与外延，明确研究对象具体是哪些，如何限定研究范围等。例如，美国一流私立中学与我国普通中学的比较研究，其中核心概念有3个：美国一流中学、私立中学、我国普通中学。美国一流中学是什么，本课题中研究哪些美国一流中学。私立中学是什么，本课题中研究的是哪些私立中学。我国普通中学是什么，本课题将研究哪些普通中学。

（5）科学选择研究理论依据。理论依据是重量级课题必须具有的东西。理论依据即课题研究理论起点、理论前提和理论指导。任何研究都需要有一定理论做指导。在教育研究课题中，古今中外教育理论有很多，均可作为研究的理论依据。比如教育学原理、教育经济学、现代哲学理论、教育人本理论、教育公平理论、人力资本理论等。但选择理论依据时要讲究科学性，课题研究并非理论依据越多越好，关键是看与本研究的契合度，要选择与本研究有直接联系、有针对性指导的理论，不能生搬硬套；也应注意理论逻辑性，不能交叉重叠甚至互相矛盾；还应注意理论连续性，使其贯穿研究始终。

（6）谨慎设定研究目标与研究内容。研究目标与研究内容是课题论证的核心部分，也是对选题的进一步深化与细化。研究目标可从子目标和最终目标两方面思考。子目标是课题需要解决的不同子问题，最终目标是通过子问题研究最终要解决的问题。

研究内容要注意问题意识，每一项内容对应一个独立但与其他问题有联系的问题。每个问题都要具体，且紧扣研究目标。文字表述要以探究和研究的形式，不用肯定式及陈述式。每个问题之间必须遵从一定逻辑，排列顺序也需要考量，先研究什么后研究什么，要形成有机整体。应注意的是，研究问题不要太多，问题越多研究任务越重，难度也越大；应突出主要矛盾，解决重点、热点和难点问题。

（7）恰当选择研究方法、研究思路与技术路线。一般常用的研究方法有：文献法、调查法、个案法、质的研究法等。在做设计论证时，对方法的选择要力求所研究的问题与方法相对应，尽量说清楚哪一个问题用了什么方法，不要只简单罗列几种方法。研究思路和技术路线是对研究的总体把握，研究切入点在哪儿，从哪里突破，注意哪些研究策略，主要做什么，重点做什么，先做什么后做什么，本研究关键性的问题在哪儿，如何解决，工作流程怎么安排等。科学合理的研究思路与技术路线直接决定研究能否有序推进。

（8）合理组建团队。科研单靠一两个人是无法完成的，需要有不同专业的研究人员共同攻关。研究团队组建既是课题论证的内容，也是研究条件的保障。一个结构科学合理的研究团队对做好课题研究非常重要。大家在组建团队时要做到：注意年龄结构，进行梯队化建设；注意学科结构，多学科地支撑课题研究；注意理论工作者与实际工作者相结合，进行双重探索；注意一线教师和行政领导相结合。

此外，还要注意申报书的书写要美观大方，清爽合理，以给人美感为准。在自己认为重要的地方加黑加粗，以引起评审专家的重视与共鸣。参考文献的引用和规范也需要注意。

第三章 //
文献的查阅与综述

任何科学研究都应该建立在前人研究的基础之上。在初步选定一个课题后，研究者应查阅与初拟课题有关的文献，对文献进行分析、综述是做好修正选题和随后课题研究工作的重要环节。

第一节 文献研究的价值与方法

查阅文献将有助于研究者熟悉研究现状并使选题、研究过程更加有效及更有价值。但是，很多研究者特别是研究新手往往忽视这个过程。居尔·勒温（Joel Levin）和黑姆·马歇尔（Hermione Marshall）作为《教育心理学期刊》的编辑强调：如想使研究有实质性的贡献，必须把它建立在该领域充分翔实的知识基础之上，而且在文章的导言中必须反映出这些知识，不幸的是，有时收到一些调查人员所写的报告，他们的报告完全建立在前人的而且已经过时的研究上。有时还会收到一些研究者的手稿，而这些研究者无视该领域的最新动向。因而文章审稿者常常质疑为什么要进行这种研究，最后文章也就被拒绝发表了。

一、 查阅文献的意义和价值

查阅文献不仅会帮助研究者更深刻地理解所要研究的问题，而且还可能会大大缩减研究中其他各阶段的时间。为了帮助研究者更好地理解这一点，下面来讨论查阅文献对于科学研究的意义和价值。

（一） 重新界定研究问题和研究假设

在没有充分了解研究现状的情况下，自己最初选择的课题及具体问题，可能别人已经做了很好的解决或部分解决，如果不能根据别人已经做过的研究来修改自己的研究课题，自己所做的研究极有可能是重复研究，对教育理论和教育实践的发展没有太大的贡献。通过查阅文献，研究者可以确认在自己所感兴趣的领域中哪些研究已经完成，哪些问题的研究还有待继续深入下去，哪些问题的研究需要从另外的视角去展开。例如，研究者关心"如何培养学生的学业自我效能感"，通过查阅文献，研究者发现，有人已经对"如何培养学生的学业自我效能感"进行了实验研究，而且成果喜人，验证了一些策略、方法和措施的有效性。但是研究者也发现，"如何培养初中生的自我效能感"尚未有人开展实验研究，研究者就可以将"培养初中生学业自我效能感的实验研究"作为自己的研究课题，并根据初中生的学习特点，修订别人提出的培养策略、方法和措施，将"它们可以提高初中学生的学业自我效能感和学业成绩"作为自己的研究假设。

（二） 寻求研究的新思路

在查阅文献时，研究者应该确认在研究者所感兴趣的领域中哪些研究已经完成，应能够敏感地意识到某些被忽略的可行性研究也是同样重要的。研究者独特的经验和背景很可能使研究者看到其他研究者不曾看到的一面，这些新观点最可能在那些未做任何研究的领域中出现。但是，研究者也应注意，即使在研究较多的问题领域中偶尔也会有人想出独一无二、富有创造性的方法。例如，有一位名叫伊莎贝拉·亨德尔森（Isabella Henderson）的博士生曾做过"学校改进与变化问题的研究"，他发现这个研究领域有一种研究方向，这种研究方向曾试图去理解指定的"变革代理人"的工作，这些"变革代理人"的职能在于推动一个组织的变革过程。亨德尔森对以前的关于教学人员、管理人员、师资培训专家以及课题合作者作为变革代理人的文献进行了研究。然而，他特别感兴趣的是那些被委任在加拿大某省协助完成一个新的史地课程任务的中学学科组长们。但是，在查阅文献中，亨德尔森几乎没有发现任何关于学科组长的研究，也没有发现对他们作为变革代理人的可能作用进行的研究。他意识到把这个群体定义为变革代理人，用变革代理人研究中已经形成的方法论来研究他们将会开辟一条调查的新思路。此外，亨德尔森的发现为有关变革代理人的研究结果提供了重复测试方法。而这些研究结果又正是从以前的对其他类型教育变革代理人的研究中积累而来的。

（三） 避免无效的研究方法

在文献查阅中，务必注意那些研究者研究领域中已经证实无效的调查思路。例如，在文献查阅中有时发现在一段时间内，即几年中所进行的一些相类似的研究，这些研究采用大致相同的研究方法，并且都未能产生有价值的实验或相关结果。一两种关于介入或假定关系的进一步测试可以证实先前的研究结果毫无价值。然而其他的研究也没有起到任何有效的作用，仅仅表明研究者没有进行充分的文献查阅和综述。

（四） 获得有效的研究方法

一些人在查阅研究报告时常犯一个错误，就是只关注报告结果而忽略其他的一切。这是一个错误，因为报告中的其他信息可能有助于研究者的研究设计。例如，沃尔特·R. 博格（Walter R Berg）做过一项研究——测试培训在职教师使用指定的课堂管理技能的程序。虽然在一周的指导和实践之后，教师们可能学会使用一套 3 种特定的技能，但他们应用技能还很不熟练、很不自然。因为这个发现，训练项目得到了改进，增加了 4 周时间。在多增加的 4 周里，教师们实践他们先前学过的技能。这一修改使得教师的表现更好。在这次研究中获得的方法、思路可能对针对其他改进教师课堂技能的设计和测验项目感兴趣的研究者来说颇有借鉴意义。

(五) 识别进一步研究的建议

很多研究者经常在他们的论文或报告结尾处附上由他们的研究所引出的需要讨论的问题和其他可以进行研究的建议。这些问题和建议应加以仔细考虑，因为它们代表着研究者对一个特定问题进行大量研究后才获得的思考。一些博士生就是通过阅读这些研究报告中的问题讨论获得了他们毕业论文的课题。

(六) 寻求建立新理论的支持

许多研究是为了测试和验证已经形成的用于解释学习进程或其他教育现象的心理学或教育学理论而设计的。巴尼·格拉泽（Barney Glaser）建议研究也可以这样设计：首先搜集数据，然后根据数据得出理论，这样得出的理论根植于数据，故被称为植根理论。巴尼·格拉泽建议那些打算使用背景理论方法的研究者不要首先查阅文献，因为他们很可能受其他研究者理论的影响而无法从新的视角看待他们的数据。巴尼·格拉泽介绍了这种方法：首先搜集研究领域的数据，然后开始分析并得出理论。当理论看上去论据充分、引申有力时，再查阅相关文献并通过观点的汇合把理论与文献联系起来。因此，该领域的学问研究只有在出现的理论得到充分发展之后才开始。这样，该理论就不可能是通过预先取得的概念而设想出来的。在研究者形成了植根理论之后，以这种方式所做的文献查阅可能会支持该理论，可能会使他们怀疑自己或他人的理论，也可能会使他们提炼理论、发展观点以便做进一步研究。

(七) 把握在研究中可能出现的差错、避免重蹈覆辙

在阅读研究文献时，特别是进行批判性阅读时，研究者经常会发现一些研究报告中出现的这样或那样的差错。能发现这些差错，说明研究者阅

读文献的水平已经有很大提高，研究者在研究过程中应避免这些差错的再次发生。

（八）　为解释自己的研究结果提供背景材料

在查阅研究文献时，研究者会发现，研究文献中的一些理论可能会为研究者的实验结果或调查结果的解释提供帮助，一些类似的实验或调查结果会为研究者的结果提供参照，为研究者的研究结论提供更多的理论支撑和数据支持。

（九）　为研究报告或论文的写作积累知识经验

对于从事研究的新手来说，写出有价值的几千字的研究论文或几万字的研究报告，不免会有畏难情绪。如何提高研究和写作技能呢？最好的方法，就是仔细地去阅读几篇高质量的论文或研究报告，借鉴他人的研究方法和文字表述方式。

二、　查阅文献的基本过程和方法

在研究课题已初步拟定以后，研究者可以按照下面 6 个流程或方面展开查阅和收集文献的有关活动。

（一）　列举所要研究的一些具体问题的陈述

例如，研究者的初步选题是"高校语文教学中培养学生创造性思维的策略与方法"，那么，涉及的具体问题可能有：

什么是创造性思维？学生创造性思维如何测量？

培养创造性思维的策略和方法有哪些？

有助于培养学生创造性的语文教学策略、方法、措施有哪些？

（二）　列举与课题相关的主题词、关键词或词组

根据上述问题，可以确定的主题或词组有学生创造性思维的培养、创造性思维、创造性测验、培养策略和方法等。

（三） 查阅初步资料

初步资料是指文献的印刷版或电子版的文献索引，一般包括文献的作者、篇名（或书名）、出版信息等。查找初步资料是查阅原始材料的必经环节。可以根据事先确定的主题词、关键词或词组，到图书馆或互联网上的专业数据库网站（如中国知网等）查阅与问题陈述相关的书籍、文章、专业论文及其他出版物的目录。在我国，可以利用的专业的数据资源网站主要有：中国国家图书馆·中国国家数字图书馆（http://www.nlc.cn/）；中国知网（CNKI，http://www.cnki.net）；维普中文科技期刊数据库；万方数据知识服务平台（http://www.wanfangdata.com.cn/）；中国学位论文全文数据库（http://www.wanfangdata.com.hk/wf/cddb/cddbft.htm）；方正电子图书；中国报纸资源全文数据库（方正阿帕比）。

在利用互联网查找初步资料时，若只输入一个主题或关键词，检索出的资料篇目会非常多，不便查看，这时可以输入其他的主题或关键词进行筛选，再在筛选出的结果中进行检索，这样就可以逐步缩小查询结果的范围。但是，这样做可以得到涉及某个具体问题的主要文献，却可能会遗漏一些作为课题研究基础的重要文献以及与其他具体问题有关的文献。因此，在检索文献时，可以采用不同的主题或关键词的组合去进行检索，以获得各个具体问题的研究文献目录。

在查阅文献资料过程中，还有一项需要做的重要工作，那就是编制撰写文献综述和撰写研究报告所用的参考文献目录。如果完全用手工编制，是比较烦琐的，一些专业数据检索系统（如中国知网）可以提供生成电子版文献目录的服务，可以节约很多时间。在中国知网上检索出文献目录后，还可以选择其中一些重要的篇目，利用列表上方的"导出/参考文献"按钮，将文献列表导出到"文献管理中心"网页中，然后再单击"生成检索报告"，即可形成一份检索报告，再单击报告下方的"保存检索报告"按钮，可以将其保存为一份 Word 文档报告，以后便可以根据需要，再对其进行筛选、删除、补充、修改。

（四）　查阅间接资料

间接资料主要是指一些研究者对某个问题领域的研究文献进行整理、分析后所写的综述，当然也包括一些原始研究报告中引用的其他资料。在查阅初步资料时，可能会发现其他研究者已写过一些相关研究问题与文献评论，这些评论就是间接资料。浏览查到的初步资料，看看是否有相关的间接资料，如果有间接资料，即可将其下载或复印。绝大多数硕士和博士学位论文中，都包括较长篇幅的研究文献综述，通过这些文献综述，可以了解其前的研究状况，获得有助于所研究课题的重要资料信息。当然，其后的研究还需进一步查阅之后的有关文献。

（五）　查阅与收集原始资料

原始资料是指实际观察或参与某事件的人所写的关于该事件的直接报告。在教育研究领域，原始资料常指一个或多个实际研究者写的研究报告，或研究者关于某一教育现象提出的理论或意见报告。如前所述，原始资料报告的研究发现和理论往往可在很多二手资料中查到。但是，二手资料评论的作者可能会将原始资料歪曲解释，使之与他们自己的观点一致，或者可能省略掉一些读者想知道的信息。因此，在查阅文献时，不要完全依赖二手资料，即使它们看上去全面而新颖，至少应查阅与课题联系紧密的原始资料。

另外，还可以根据自己检索到的文献目录，到当地政府建立的图书馆或学校的图书馆借阅所需要的原始文献资料，浏览之后，如果一份原始资料与所研究课题密切相连，应复印全文。写文献评论时，如果能够参考自己拥有的文献复印件，要比依赖不完整的笔记或返回图书馆重读原文方便得多。

可以通过一些研究文献资源的网站下载所需要的期刊论文、学位论文、图书等原始资料的电子版。

可以与出版商（如出版社、杂志社等）联系，购买所需的图书、期刊等资料。

（六） 综合文献， 撰写文献综述

查阅了所有相关的原始资料与间接资料之后，需要综合所了解到的内容以便写文献评论。撰写文献综述的目的是告诉读者，对于所研究的问题来说，哪些是已知的，哪些是未知的。此外，还需要弄清楚所研究的课题是如何与文献中所叙述的现有知识相联系，又如何以它们为基础的。

查阅文献的 6 个步骤并不总是严格按顺序进行的。例如，当查阅与所研究的问题陈述相关的文献时，可能会发现要重新修改陈述，这一做法会将文献查阅引向新的方向；还可能会发现初步资料所确认的原始资料和间接资料与所研究问题陈述仅仅间接相关。在这种情况下，就需要回到第一步，试着去找到一种更相关的初步资料。

第二节　文献的阅读与整理

面对查出的大量研究文献，可能觉得它们比较混乱，查找起来很不方便。这时就需要对它们进行适当分类整理。如何分类呢？可以先确定与自己研究报告有关的潜在标题，进一步明确自己的研究报告主要涉及哪些具体问题。然后，根据这些潜在标题和具体问题对研究文献的目录、复印件和电子稿进行归类，把与某个具体问题和潜在标题相关的主要文献资料放在一起，即编制文献目录。这样，需要深入研读某个具体问题的文献资料时，就可以很快找到它们，不至于每次都要到杂乱无章的资料中去找。在整理这些材料时，可以剔除那些无关材料。

一、 文献目录的编制

通过文献检索浏览有关的间接资料和原始材料后，需要对阅读过的、

有参考价值的书籍、论文、报告等资料做好完全、准确的目录登记，按照研究报告和论文后的参考文献格式要求，编制一个参考文献目录。

在撰写研究报告之前，先编制一个参考文献目录，将会有助于提高工作效率。

为了一开始就可以为以后的研究工作奠定好的基础，在编制参考文献目录时，应根据我国《文后参考文献著录规则》[①] 有关要求，针对不同类别的文献采用不同的目录登记格式。表3-1、表3-2列出了不同文献类型及其标志代码，应该在参考文献目录的题名（书名、篇名等）后注明文献类别。在这里只列出常见的几种类型的文献著录格式，以及不同出版情况文献的示例以供参考。

表3-1　文献类型和标志代码

文献类型	标志代码	文献类型	标志代码
普通图书	M	报告	R
会议记录	C	标准	S
汇编	G	专利	P
报纸	N	数据库	DB
期刊	J	计算机程序	CP
学位论文	D	电子公告	EB

表3-2　电子文献载体和标志代码

载体类型	标志代码	文献类型	标志代码
磁带（magnetic tape）	MT	光盘（CD-ROM）	CD
磁盘（disk）	DK	联机网络（online）	OL

（一）专著类文献

专著是指以单行本形式或多卷册形式在限定的期限内出版的非连续性出版物。它包括以各种载体形式出版的普通图书、古籍、学位论文、技术

---

① 中华人民共和国国家标准化管理委员会．文后参考文献著录规则［M］．北京：中国标准化出版社出版，2015.

报告、会议论文集、汇编、多卷书、丛书等。

著录格式：

［序号］主要责任者．题名：其他题名信息［文献类型标志］．其他责任者．版本项．出版地：出版者，出版年：（更新或修改日期）［引用日期］．获取和访问路径．

示例：

［1］金一鸣．教育社会学［M］．石家庄：河北教育出版社，1996．

［2］威尔斯曼．教育研究方法导论［M］．袁振国，等，译．北京：教育研究出版社，1997．

［3］全国文献工作标准化技术委员会第七分委员会．GB/T 5795—1986 中国标准书号［S］．北京：中国标准出版社，1986．

［4］辛希孟．信息技术与信息服务国际研讨会论文：A 集［C］．北京：中国社会科学出版社，1994．

［5］赵耀东．新时代的工业工程师［M/OL］．台北：天下文化出版社，（1998-06-15）［1998-09-26］．http：//www．ic．nthu．edu．tw/info/ie．newie．htm（Big5）．

［6］吴旭裕．初中生英语学习观念与学习策略的调查与分析［D］．南京：南京师范大学，2005．

（二） 图书中的析出文献

析出文献是指从整本文献中析出的具有独立篇名的文献。著录格式：

［序号］析出文献主要责任者．析出文献题名［文献类型标志］．析出文献其他责任者//专著主要责任者．专著题名：其他题名信息．版本项．出版地：出版者，出版年：析出文献的页码［引用日期］．获取和访问路径．

示例：

［1］内伏．教育评价概念的形成对文献的分析评论［G］．赵永年，等，译//陈玉琨，赵永年．教育学文集：教育评价．北京：人民教育出版

社，1989.

　　[2] 蔡元培．教育独立议 [G].郑登云，等．中国现代教育文选．北京：人民教育出版社，1989.

　　[3] 程介明．人种学方法与教育政策研究 [M].袁振国．教育政策学．南京：江苏教育出版社，2000.

（三） 连续出版物 （期刊、 报纸） 中的析出文献

连续出版物是指一种载有卷期号或年月顺序号、计划无限地连续出版发行的出版物。它包括以各种载体形式出版的期刊、报纸等。

著录格式：

[序号] 析出文献主要责任者．析出文献题名 [文献类型标志].连续出版物题名：其他题名信息，年，卷（期）：（更新或修改日期） [引用日期].获取和访问路径．

示例：

　　[1] 路海东，刘晓明，郭占基．小学生学业自我效能感的培养与提高实验研究报告 [J].现代中小学教育，1998 （2）：31-35.

　　[2] 程振响，王明宾．关于建立中小学校长交流机制的思考与建议 [J].河南教育学院学报：哲学社会科学版，2011 （4）：32-36.

　　[3] 傅刚．大风沙过后的思考 [N/OL].北京青年报，2000-04-12 （14） [2002-03-06].

（四） 电子文献

电子文献是指以数字方式将图、文、声、像等信息存储在磁、光、电介质上，通过计算机、网络或相关设备使用的记录有知识内容和艺术内容的文献信息资源，包括电子书刊、数据库、电子公告等。凡属电子图书和电子报刊等中的析出文献的著录格式分别按前面的 3 种格式中的有关规则处理。除此而外的电子文献的著录格式如下：

［序号］主要责任者．题名：其他题名信息［文献类型标志/文献载体标志］．出版地：出版者，出版年（更新或修改日期）［引用日期］．获取和访问路径．

示例：

［1］谭学颖．"校长交流"引发的思考［EB/OL］. 2010-5-17.

http：//www. syhqedu. com/pageContent. aspx? P ＿ ARTICLE ＿ ID＝10440.

［2］萧钰．出版业信息化迈入快车道［EB/OL］.（2001-12-19）［2002-04-15］.

http：//www. creader. com/news/200112190019. htm.

http：//www. bjyouth. com. cn/Bqb/20000412/GB/4216％5EDO412
B1401. htm.

总之，不论什么时间使用报告中的信息，一开始就应做好完整并准确的文献目录登记，这将有利于节省时间和减少混乱，如果目录登记不完整，又不再查阅原文，势必会有所损失，这是一件令人非常遗憾的事情。

二、 原始材料的批判性阅读

在阅读报告时，可先浏览一下，获得一个总体印象，而不要过多地关心细节。有了一个总体印象，就能判断该报告与正在研究的课题之间的相关程度。如果两者是紧密相关的，就需要重点阅读并做好摘要。

值得注意的是，各种研究报告在其质量及综合性方面有很大差别，很多报告的质量并不是很高。布鲁·塔克曼（Brune Tuckman）曾开展对四项研究的评论，这四项研究邀请研究方法论的专家来判断期刊和其他资料上发表的教育研究的质量。参与四项研究的专家得出结论：他们做出判断的研究中有40％～60％应在发表前做大量的修订或根本不应该发表。因此，在阅读研究报告时，要特别小心。为了对查找到的研究报告有更深刻的理解和评价，区分出精华和糟粕，并获取更有价值的参考信息，需要借助一些问题框架或标准进行批判性阅读。

史密斯（Smith）和格拉斯（Glass）建议，在阅读研究报告时应关注其内部效度和外部效度。这两种效度决定最终的研究与报告如何有机地融为一体，报告的各部分是否协调，其意思是否已充分表达，研究成果得出的结论是否符合情理，两者是否一致，研究方法与研究课题是否一致。

内部效度主要强调多样和适当的研究方法以使其结果令人信服，研究程序进行得是否恰当，其研究过程是否带有偏见，研究程序是否已充分说明足以使读者明了其研究过程，分析是否得当。

外部效度主要关心研究结果的概括化程度（也可以说是研究结果的适用范围），有关的内容在报告中是否谈到，如果有所论述，那么研究结果是否有充分的推广价值，结果的概括是否有充分的理由，在被试的选择和分配方面是否有不合理的做法。如果没有，那么在研究结果的代表性方面是否有争论之处。

史密斯和格拉斯也建议利用心理测量学中的结构规则概念对一些研究报告进行评论。结构是个体的一种品质或素质的抽象，比如诚实，尽管不能直接看到诚实，但可以看到它的外在表现。当在研究中运用这些结构时，它们应该以该领域普遍认可的思维和研究方式加以限定，有关测量评价的工作在研究中要加以介绍，同时要限定在可操作的范围内。

（一） 引言

（1）研究的问题、过程或结果是否过度地受到研究者的信念、价值观或理论倾向的影响？

（2）研究者在描述研究主题（指导方法、工作计划、课程、人物等）时是否表现出积极的或消极的偏见？

（3）报告的文献评论部分是否足够广泛？它是否综合了研究者认为与问题有关的研究调查？

（4）假设、问题或目标是否明白表述？如果是，假设、问题或目标是否清晰？

（5）研究者是否令人信服地说明了研究假设、问题或目标对个案研究都很重要？

（6）（定量）研究中每一变量定义是否明确？

（7）（定量）每一变量值与其定义是否一致？

（二） 研究程序

（1）（定量）抽样过程是否产生了能够代表所鉴定人群或研究者所在地方人群的样本？

（2）（定量）研究者是否形成了可提高研究现象理解度的小组？

（3）（定性）抽样过程是否产生了一个或多个特别有趣、从中又可学到有趣知识的实例？

（4）研究中的每一次测定对于预定目的实现是否都充分有效？

（5）研究中的每一次测定对预定目的实现是否都充分可靠？

（6）每一次测定是否都适用于样本？

（7）研究程序是否恰当并明白表述以便别人在需要时可借鉴？

（三） 研究结果

（1）是否正确使用了恰当的统计方法？

（2）（定性）报告是否包含体现了个人对访谈问题的生动反映和表现的细致的描述？

（3）（定性）研究资料中的每一因素是否体现出其意义？

（4）（定性）收集的数据是否证实了明白表述的假设或问题？

（四） 结果讨论

（1）数据分析结果是否支持研究者对研究做出的结论？

（2）研究者对结果是否提供了合理的解释？

（3）研究者是否合理地暗示该结果可以运用于实践之中？

注：特别适用于定量或定性研究的问题已如上标明。

上述这些问题是在阅读研究报告过程中必须牢记的。带着这些问题研读报告时，可能还会提出许多更具体的研究问题或研究方向，甚至会产生评价意见，一旦有了这样的思想火花，应及时将它们记录下来，以备后用。

三、 文献摘要的记录

研读文献时，必须以适宜的形式从相关的报告中抽取信息，并对这些信息加以总结。为有效地利用研究结果，必须从报告中获得相当多的信息。例如，一般而言，了解结果产生的条件是必要的，已研究过的问题也应清楚，从而能使它与正在研究的问题相联系。因此，阅读一份报告时，应能判断出哪些信息应该保留，并记录下来。

研究者通常使用一种摘要形式，而不是做一些关于研究报告的简单笔记。一份摘要就是对一份研究报告包含的各种信息的概括、总结。在阅读各种报告时，信息的内容应基本一致，不同学者建议的摘要组成部分会有些不同，但一般而言，图 3-1[①] 所列的内容都是应被包括的。

> **文献目录**：摘要之前往往是一份准确完整的目录登记，应按照我国《文后参考文献著录规则》（GB/T 7714—2005）的格式要求编制。
>
> **研究问题**：这是对正在阅读的报告中的研究课题和具体问题的说明，它也可能包括对假设的说明。
>
> **研究对象**：指研究的个体或具体的活动、行为，例如，"某初中的50名二年级学生，25名男生和25名女生""小学高年级的语文教学"。
>
> **研究方法**：这部分描述研究是如何进行的，它包括测量和分析的方式等，这部分也被称为研究的"方法论"。
>
> **结果和结论**：这部分主要指出研究的结果和结论。结果指发生了什么，例如，一定的统计数字，结论则指研究者根据研究的具体结果做出的判断和推论。在一篇报告中，如果有很多结果和结论，最好在摘录时给它们编号并标出。
>
> **评论与思考**：记录自己发现的该篇文献存在的问题或缺陷，以及由该篇文献激发出的自己的思想火花。

图 3-1 文献摘要的主要内容

---

① 中华人民共和国国家标准化管理委员会 . 文后参考文献著录规则 ［M］. 北京：中国标准化出版社出版，2015.

一份文献摘要的长度往往也应该考虑，包含过多的信息反而是无效的。许多杂志在每一篇报告之前都有一份极其简短的内容摘要，但由于其对长度过分限制，常常不能满足研究者的要求，研究者所写的摘要应介于这两者之间。

在概括或总结一篇研究报告时，研究者一方面要尽可能浓缩主要的相关信息，另一方面又要注意包括所需要的细节。尽管摘要应是简要的，但它应包含所有必需信息。当发现一份摘要中的信息是不完整的并且不得不重新查找原始报告时，那将是一件令人不快并且毫无效益可言的事情。有几个因素会影响摘要的长度，如报告长度、研究的复杂性、结果和结论的数量、报告与本人课题的相关程度。

下面是 3 个摘要的举例，例 1 是 1 篇 9 页长的文章的摘要，例 2 则是 16 页长的文章的摘要，例 3 是根据 5 500 字的研究报告做的摘要。

【摘要例 1：较短的形式】

文献目录：杨格，波斯特．学生对科学教师、课堂及教学内容的看法 [J]．学校科学和数学，1984（84）：406-414。

研究问题：各年龄阶段学生及青少年对他们科学教育中各因素的看法。

研究对象：（总计）将近 700 名芦瓦区的学生和 9 岁、13 岁、17 岁的青少年及 24～35 岁的成年人，为了比较，运用了全国教育进步评价研究会的 2 500 个样本的数据。

研究方法：用有 13 个项目的问题对他们进行调查，这 13 个项目是 1977 年全国教育进步评价研究会所运用的。芦瓦区教育机构的科学顾问也参与数据搜集，对各个项目的反映以百分比的形式总结出来，并与 1977 年进行研究的结果进行对比。

结果和结论：1982 年在芦瓦区调查的结果与 1977 年的研究有高度的一致性，几乎一半初级水平的教师承认不知道如何回答学生的提问，而且随着年龄的增长，学生认为教师能有趣介绍科学的比例呈下降趋势（4 个年龄组比例依次为 68%、56%、45%、34%）。

研究还显示，教师在科学方面积累的知识越丰厚，他们在生动有趣地向学生介绍科学知识方面就越成功。

随着年级的提高，学生认为科学能使人感到乐趣、兴奋及充实的比例也逐步降低，在青少年间最低比例达到大约 30%。认为教学内容有用的观念，无论是现在还是将来，随着学生年龄的增长，都有某种程度的下降，但最大的下降幅度是在 17 岁和年轻的成年人当中。

【摘要例 2：较长的形式】

文献目录：雷德曼，杉福特. 班级能力水平对学生成就和班级行为的影响 [J]. 美国教育研究杂志，1984，21（9）：629-644。

研究问题：这项研究主要提出 3 个问题：

（1）在较高能力和较低能力的班级间，学生的课堂行为和成就水平是否有规则的变化？

（2）在一个班级内，较高能力和较低能力的学生的课堂行为是否有规则的变化？

（3）学生的能力水平与班级能力水平的相互影响是否会有规则地引起学生的课堂行为和成就的变化？

研究对象：从得克萨斯州的 58 个数学和 78 个英语班级中抽取的七、八年级的学生，数学班级近 500 人，英语班级近 650 人。

研究方法：对观察者估计的 25 名高水平学生进行数学和英语成绩测量，对 25 名低水平教师和学生的行为进行测量；与以前的（平均）模式（数学和英语分开）进行比较，以确定能力不同的学生的相互影响对年级平均能力、班级平均能力、学生行为及班级成就的促进作用；标准变量是班级平均数或学生的成就与行为测量的平均数。

研究结果：

1. 在学生成就方面

（1）高能力学生在数学和英语（所期望的）方面都比低能力学生表

现好。

（2）在数学和英语方面都存在相互影响（班级能力与学生能力之间）。在数学方面，高能力班级的成员对低能力学生的影响比对高能力学生的影响要大；在英语方面，结论与数学方面基本相同，只是其程度上差距更大一些。

2. 在课堂行为方面，观察者评定等级

（1）25名被观察者评定等级的学生，有14名在数学和英语两方面显示了与班级和班级内学生能力水平显著相关；等级的确定与这样一些行为有关：工作习惯、动机、忍耐性、自信、依赖性、学术领导和班级参与。高能力的班级和学生在学生行为问题、侵犯性、粗话及学术领导方面级别较低；与外向性、和教师的交往、生理成熟、不快、喜欢合作和与邻座同学说话等方面没有显著相关。

（2）在相互作用方面，数学有8个变量，英语有4个变量，其中只有3个变量是共有的，一般而言，班级能力水平对低能力学生行为的影响要比对高能力学生的影响大，高、低能力学生在一起的话，往往对低能力学生带来消极影响。

3. 在课堂过程中的变量

（1）高能力学生可得到更多的回答机会，有更多正确的和较少错误的答案，与教师敌对的交往及错误行为较少。

（2）在数学和英语课上，4/5的有效交往的方式是一致的。一般而言，低能力学生在低能力班级比在高能力班级更容易捣乱；在英语课而不是在数学课上，低能力学生在高能力班级较少出现错误行为。

【摘要例3：较长的形式】

文献目录：路海东，刘晓明，郭占基. 小学生学业自我效能感的培养与提高实验报告 [J]. 现代中小学教育，1998（2）：31-35.

研究问题：根据按照自我效能感的有关理论和实验研究成果提出了八

条原则和具体措施，以及是否能提高学生的语文、数学学业自我效能感，是否能促进学生学业成绩的提高。八条原则和具体措施包括：①让学生在学习活动中体验到更多的成功；②为学生提供适当的榜样示范；③指导学生树立适当的学习目标；④指导学生制订学习计划，学会对学习情况做自我观察和记录；⑤给学生以积极的归因反馈，并指导学生进行适当的自我归因；⑥给学生以适当奖励；⑦指导学生掌握正确的学习策略和学习方法；⑧培养学生良好的心理品质。

研究对象：高校各选一个班级作为实验班，每班60多名学生。对照班是高校的另外一个班级。

研究方法：采用自然实验法。实验前对实验班的班主任及语文、数学任课教师进行培训。在正常的教学条件下，由班主任和任课教师对实验班学生进行有目的、有计划的实验操作和干预；实验前用研究者自编问卷对实验班、对照班学生进行语文、数学自我效能感测试。实验后通过问卷测量实验措施的落实情况，以及学生的语文、数学自我效能感水平和学生的语文、数学成绩。

结果与结论：

（1）两个班的学生在学习过程中的实际体验差异显著。在问卷调查的所有项目中，实验班的学生的分数均高于对照班学生的分数，而且差异均达到极其显著的水平。这表明实验班学生与对照班学生相比，在学习过程中：①体验了更多的成功；②有更好的榜样示范；③更多地设立了学习目标并实现目标；④更多地制订学习计划并执行计划；⑤对学习成绩更多地做努力归因；⑥得到了更多的表扬、奖励；⑦更多地采用正确的学习方法（如预习、复习）；⑧对成绩有更多的自信。

（2）提出了自我效能感影响学生学习的心理机制。实验结果显示，自我效能感对学习的调节作用主要是通过影响学生的主观评价、情绪反应、结果期待，进而影响学生的学习动机和学习行为而间接实现的。

其制约关系可以用图 3-2 表示。

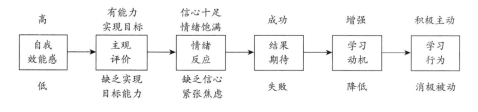

图 3-2　心理制约关系

（3）总结概括出了"培养学生自我效能感的教学模式"（表 3-3）。

表 3-3　培养学生自我效能感的教学模式

	教学前	课堂教学			教学后
		①	②	③	
教师行为	学法指导	讲解示范	练习提问 布置作业	及时评价 归因指导	学法指导
学生行为	确立目标 制订计划	观察学习	实际操作 体验成败	接受反馈 自我归因	确立新的目标、计划

（4）采用八条原则和措施。通过一年的教学实验，不仅显著提高了实验班学生的数学学习自我效能感和语文学习自我效能感，而且显著提高了实验班学生的数学学习成绩和语文学习成绩。

上面每个摘要举例中都有一个完整的目录登记，第二篇摘要的文章有 3 个需要提出的研究问题，这就增加了问题说明的长度。因为研究的问题是比较广泛的，自然也就产生了相当多的结果，这些结果比第一篇文章的结果更加明确地被分列出来。在第二篇摘要中，最后的结果笼统地进行了综合。如果结果是对应于 3 个问题分列出来，那摘要太长了。第三个举例，因为实验处理包括了八条原则和措施，对于具体摘录，研究结果和结论较多，所以摘要的篇幅较长。

摘要只是反映结果的意思，而不是结果本身，它们可以写在卡片上或规格不同的纸上，也可以直接记录在计算机中，重要的是它们应该是有用的，并能包含必要的信息。尽管对摘要的版式有一定要求，但研究者在做摘要时仍要把握充分的灵活性以满足自身的需要。

第三节 文献综述的撰写

文献综述是指在全面收集、阅读某一课题领域的大量研究文献的基础上，对该课题领域的研究成果及动态等信息资料做出综合性介绍和阐述。

一、 不同类型文献综述

几乎所有的论文、研究报告、课题申请书等都会包括文献综述，但是它们服务于不同的目的。不同的目的对综述的篇幅和内容要求有所区别。因此，在对所收集的文献进行综述以前，要先问问自己："我是为支持一个研究项目而做的特定的、高度集中的文献综述，还是要单独发表或出版的全面性的文献综述？"

在向有关机构申报课题，试图获得资助时，需要在课题申请书中阐明选题的必要性、相关问题领域的国内外研究现状、研究思路及创新之处，使审定者认识到选题是有必要的、有价值的。在我国，课题申报书对该方面内容有字数限制，例如江苏高校哲学社会科学研究项目论证书对"目前国内外研究的现状述评，本项目研究的理论价值和实际应用价值"的篇幅限制为 800 字以内。

在撰写准备在期刊上发表的研究报告或论文时，必须在导言部分中对以往的研究发现、理论、经验等做出简要的评论，让编辑和读者了解所做研究的范围、必要性、创新之处。这类报告或论文中的文献综述通常是有限的，通常要求在几百字。

对于学位论文，由于研究的目的和任务不同，不同层次学位论文对文献综述的篇幅要求也不一样。博士学位论文通常要求有 5 000 字左右的研究现状述评，硕士学位论文一般要求 2 000 字左右，学士学位论文有 400 字左右的文献回顾就可以了。

在很多时候，会将某课题领域的文献回顾本身作为一项研究，专门撰写一份研究报告。这样就需要尽可能多地查找有关主题的文献。如果没有找到全部的文献，应该尝试总结出其中的"真相"，并且就现有的文献做出评价。

文献综述的长度可以依据正在准备的研究报告类型和目的而定，但是，查阅的文献数目比文献综述用到的数目大得多。在一篇为专业期刊所写的论文中，由于篇幅有限，综述可以包含 6～8 份参考材料，有时会少些，这并不意味着研究者只读过 2～3 份报告，许多内容可能都已读过，但只有最相关的材料才被提及。当一份综述是为较大的研究课题而做的话，比如一篇博士学位论文，许多报告中可能有 50 份或更多都将被涉及。在此情况下，文献综述成为一项主要任务，所写的综述自身一般也含小标题，而且从摘要中所抽取的信息也是按照小标题组织起来的。

二、 文献综述的撰写

假定你已经收集了大量的与所研究问题相关的文献，这些文献可能包括了文献综述、个人见解类文章、理论性杂文及许多研究报告，现在的任务是将所有这些信息综合为一篇完整、连贯的文献综述，这将是一个复杂的过程。将一些文献综合并写成评论有时需要几个星期的时间。在撰写文献综述以前，应先阅读一些经典性的文献综述，例如，一些专业学术期刊中的报告："×××研究述评""×××研究综述"。它们会使研究者认识到一篇好的文献评论应该包括哪些内容，并使研究者决定着手综合和报告研究者查阅文献所发现的信息。

下面简要介绍准备独立发表、篇幅较长的文献综述报告的基本内容以及应注意的问题。

（一） 文献综述的基本内容

一篇比较完整的文献综述报告主要包括 4 个方面的内容：前言、研究现状、总结与讨论、参考文献。

1. 前言（或引言）

主要是叙述所选主题的有关概念或定义，查阅文献的方法和范围，研究历史、现状，写作目的等，以引出正文，使读者对全文要叙述的问颇有一个初步的轮廓。

2. 研究现状（文献综述的主体）

主要对所选课题所涉及的重要概念、问题的研究进展情况进行有条理的叙述。研究状况的叙述格式多样，大多采用两种编写方式：①提出问题加以叙述、讨论（搭架填空法）；②根据研究进程分阶段进行论述（火车接龙式）。

采用"搭架填空法"叙述研究现状，一般需要先列出所选课题涉及的重要概念或者核心概念以及课题所涉及的几个具体问题，然后以此为基础形成研究现状的标题结构，将文献中的重要发现和结果在相关的标题下进行叙述、分析。例如，《大学生社会适应问题研究综述》采用的是"搭架填空法"，研究者以下面的标题结构叙述研究现状：

一、大学生社会适应能力的概念

二、大学生社会适应能力的影响因素

三、大学生社会适应能力的维度与测量

四、大学生社会适应能力的现状及成因

五、大学生社会适应能力的培养

在《成就目标定向与学习策略、学业成绩的关系研究综述》一文中，研究者也使用了"搭架填空法"，按照下面的标题结构叙述研究现状：

一、成就目标定向理论与学习策略概述

（一）成就目标定向理论

（二）学习策略概述

二、成就目标定向与学习策略、学业成绩的关系研究

（一）成就目标定向与学习策略的关系研究

1. 国外的相关研究

2. 国内的相关研究

（二）成就目标定向与学业成绩的关系研究

三、小结与展望

采用"火车接龙式"叙述研究现状，需要将研究进程根据一定的标准划分若干阶段，然后对各阶段的研究现状与成果进行叙述。例如，杨中枢在《我国小班化教学研究综述》一文中按照下面3个阶段对"我国小班化教学研究的基本历程"进行了叙述。

（一）我国小班化教学研究的酝酿阶段（20世纪80年代末至90年代中期）

（二）我国小班化教学的实验研究和推广阶段（20世纪90年代中期至21世纪初）

（三）我国小班化教学研究的深入发展和理性反思阶段（21世纪初至今）

当然，研究现状的叙述也可以将"搭架填空"与"火车接龙式"综合应用，例如，杨中枢的《我国小班化教学研究综述》就采用了两种形式，该篇综述的内容结构标题为：

一、我国小班化教学研究的基本历程

（一）我国小班化教学研究的酝酿阶段（20世纪80年代末至90年代中期）

（二）我国小班化教学的实验研究和推广阶段（20世纪90年代中期至21世纪初）

（三）我国小班化教学研究的深入发展和理性反思阶段（21世纪初至今）

二、我国小班化教学研究的热点问题

（一）小班化教学意义研究

（二）小班化教学理论基础研究

（三）小班化教学实施策略研究

三、我国小班化教学研究存在的问题及反思

在研究现状的叙述中，研究者应在引用的文献或文献信息右上角标注出序号，一般采用方括号加数字编号的方式，例如"[1]"，并在参考文献中按照该编号，详细列出该文献的目录信息。

研究者可以在对各个具体问题研究现状的叙述之后，指出这些研究存在的问题。如果不考虑综述长度的话，研究者应尽可能在综述中包含最新的信息，这并不是指过去的信息是不相关的，而是综述应紧跟时代。如果没有一份参考材料是近10年的，那么，这样的综述无疑有重大的缺陷和不足。

3. 总结与讨论

这部分内容主要是在对相关研究文献的比较、分析和评价基础上，归纳、总结出研究的进展情况（取得的共识、结果矛盾的问题）、研究存在的问题与缺陷，对今后研究的方向提出自己的观点和建议。例如，蒋京川、刘华山在《成就目标定向与学习策略、学业成绩的关系研究综述》中根据对过去研究文献的考察与分析，在"小结与展望"部分做出了下面的总结与展望。

从国内外近十年的研究进展来看，成就目标定向与学习策略、学业成绩的关系研究是卓有成效的，获得的一些颇具意义的结论加深了对学习机制的理解。具体而言，目前成就目标定向与学习策略的关系研究取得了以下共识：①目标定向与学习策略之间存在密切关系，目标定向是导致学习策略变化的因素之一；②掌握定向有助于深加工策略的使用，而逃避定向将导致缺乏组织性、努力失败等消极结果；③目标定向与学习策略的关系存在性别和年龄差异。但研究结论中存在的不一致性也应引起重视，如掌握定向与浅表加工策略的关系是怎样的，目标定向对学习成绩的影响是否直接等，这些问题都有待于澄清，也成为今后进一步研究的切入点。

至于目标定向与学业成绩的关系，已取得了实质性进展，主要表现在：①考虑到成绩目标可能是一种混合结构，研究者提出了将它进一步细分的设想；②提出了多元目标的观点，反映了研究者对目标定向采取了更为复杂的考虑；③将第三变量纳入目标定向与学业成绩的关系考察中，有助于更深刻地理解目标定向的作用机制。

从成就目标定向与学习策略、学业成绩的关系研究现状来看，笔者认为，这一领域未来的研究应从以下方面展开：①改进成就目标定向与学习策略的测量工具，使之进一步完善；②对未取得一致性的研究，要进一步考察不一致的原因；③对部分已取得一致性的结论，有必要进行重复验证和跨文化的研究；④考察影响目标定向与学习策略、学业成绩关系的第三变量，实现对目标定向与学习策略、学业成绩关系的动态理解；⑤现有研究中干预研究太少，如何从环境氛围、教育措施入手，有针对性地干预学习者的社会认知过程，使之朝着有利于学习和教学的方向发展，是一个既有理论意义又具实践价值的研究课题。

文献综述的总结与讨论部分编写得好坏，对一篇综述性文章的价值有着直接的决定性作用，因为一篇文献综述不仅需要罗列出前人的研究进展，更需要很好地分析和总结出前人研究工作中的不足之处，为今后研究做一定的指导工作。但这部分往往也是进行文献综述工作的难点，很多研究者难以从已经存在的研究进展中寻找出不足和存在的问题。因为研究者在国内外期刊上可以看到大量的相关参考文献，就常会认为别人已经做得很好，认为已经没有再继续做该方面工作的必要了。实际上，这是作为一个研究工作者的大忌。要做好这部分内容，就需要细心分析所研究方向的各个切入点和方法手段等，详细分析前人的研究过程、结论以及相关数据等重要成果，在综合分析大量参考文献的研究进展之后，从中找出其问题所在，作为今后研究的重点方向。

4. 参考文献

参考文献放在文末，是文献综述的重要组成部分。因为它不仅表示对被引用文献作者的尊重及引用文献的依据，而且为读者深入探讨有关问题提供了文献查找的线索，应认真对待。参考文献的编排格式可以参照我国《文后参考文献著录规则》有关要求，一般采用顺序编码制，即依照其在文中出现的先后顺序，在引用处右上角用阿拉伯数字加方括号标出，同时按照引用先后顺序将参考文献排列于文后。

文献综述的内容结构形式多样，研究者可以参考其他研究者撰写的文献综述结合本人的课题以及收集到的文献信息，确定自己的综述内容结构。

（二） 文献综述应注意的问题

有关学者专门探讨了撰写文献时应注意的问题，了解这些建议会有助于写好综述。

（1）文献综述不应是对已有文献的重复、罗列和一般性介绍，而应是对以往研究的优点、不足和贡献的批判性分析与评论。因此，文献综述应包括综合提炼和分析评论双重含义。

（2）文献综述要文字简洁，尽量避免大量引用原文，要用自己的语言把原作者的观点叙述清楚，从原始文献中得出一般性结论。

（3）综述不是资料库，要紧紧围绕课题研究的问题，确保所述的已有研究成果与本课题研究直接相关，其内容是围绕课题紧密组织在一起，既能系统全面地反映研究对象的历史、现状和趋势，又能反映研究内容的各个方面。

（4）综述要全面、准确、客观，用于评论的观点、论据最好来自原始资料，尽量避免使用别人对原始文献的解释或综述。

（三） 文献综述中的常见问题与缺陷

美国学者在评价一些研究撰写的文献综述的基础上，指出了文献综述报告中常见的问题与缺陷，了解这些也会有助于少犯同类错误。

（1） 文献综述孤立于论文或文章的其他部分之外。也就是说，读者并不清楚其他研究者和理论家的作品与报告中的研究有何联系。

（2） 注重于研究结果而不考虑产生结果所用方法的可靠性。因此，读者不知道结果的可信度有多大。

（3） 省略掉查询过程的描述。没有说明查询了哪些原始和二手资料、使用了哪些术语、花费了多少时间。

（4） 撰写的文献评论是一组孤立的结果、意见和观点。这种错误常常导致一连串互不相连的段落，每一段来自一种查阅的文献。研究者应该努力将结果、意见和观点等综合为自己或其他研究者开发的理论性框架之中。

第四节　文献检索工具

文献是记录依附于载体而存在的知识信息，而载体常有甲骨、金石、简牍、缘帛、纸、胶片、磁带、磁盘、光碟和在线网络等。对文献知识信息的检索就是指依据一定的方法，从已经组织好的大量有关文献集合中，查找并获取特定的相关文献的过程。而文献检索工具是指根据需要以特定的编排方式和检索方法，为人们提供某方面的基本知识或文献线索，以及专供查阅的书籍或电子数据库。

一、 检索工具分类

按照不同的分类标准，检索工具可以分为不同种类。

按检索手段分类，可以分为手工检索和机器检索两种工具。手工检索工具有卡片式和书本式（包括期刊式、单卷式、附录式）两种。手工检索是文献检索的传统形式，研究者自己通过卡片式或书本式检索方式检索研究资料。机器检索工具是指借助计算机设备进行检索，有磁带式、缩微式、穿孔式、光碟式、网络式 5 种。

按著录方式分类，可以分为目录、题录、索引、文摘等。最常见的文献检索工具是以著录方式分类。

二、 常见检索工具介绍

按最常见的文献检索工具分类，主要包括目录、题录、文摘和索引等工具。

（一） 目录

目录是指书籍正文前所载的目次，是揭示和报道图书的工具；是记录图书的书名、著者、出版与收藏等情况，按照一定的次序编排，为反映馆藏、指导阅读、检索图书的工具。它是对一批相关文献外表特征的揭示和报道，是有序的文献清单，通常以文献的"本""种""件"等为单位。

目录对于研究者来说，是得力的助手和工作的指南。目录是图书的分类著录，因而利用目录有助于查阅有关图书资料；同时目录在分门别类之中，也可展现文化学术的源流、派别，从而使人们可从中"辨章学术，考镜源流"。

由于文献的类型、数量、内容和划分形式多种多样，文献利用者的需要千差万别，文献目录的类型呈现多样性。每一种目录都以其特定的编制方法，实现其揭示与报道文献信息的功能，各种不同类型的目录反映出人们利用文献的不同目的和需要。目录类型的划分标准不一，目录种类繁多，主要有以下几种分类方法：

（1）按照编制目的和社会功能，可以分为登记目录、通报目录、推荐目录、专题目录、出版发行目录等基本类型。

登记目录：为全面登记和反映一个时期、一定范围或某一类型文献的出版或收藏情况而编制的目录。国家书目是登记目录的主要类型之一，是全面系统地揭示与报道一个国家出版的所有文献的总目。例如，我国的《全国新书目》（月刊）、《全国总书目》（年刊），英国的《英国国家书目》（British National Bibliography），日本国立国会图书馆出版的《日本全国书志》（周刊）和《全日本出版物总目录》（月刊及年刊）。

通报目录：向读者和图书情报机构提供新出版和新入藏文献的情报而编制的一种书目。它的特点是要求迅速、准确地提供国内外最新出版图书的情报。

推荐目录：针对一定范围的读者对象，围绕某一专门问题，对文献进行选择性的推荐，供读者或研究人员学习某门知识，了解某一事件而编的书目。如各类兴趣阅读书目、导师推荐的专业阅读书目等。

专题目录：为一定范围的读者对象全面系统地揭示与报道关于某一特定学科、某一专门研究方向和研究课题的文献而编制的书目。它具有很强的针对性，是在特定范围帮助读者和研究人员选择文献的向导。

出版发行目录：由出版发行机构编印的通报图书出版和销售信息的目录，是图书贸易的工具，又称营业书目或书业书目。它通常连续出版，多具有预告、广告性质。图书收录编排的系统性不强，著录一般不够详细，但内容广泛，编辑及时，能提供较新的书业信息，其中少数大型累积的出版发行书目有较高的学术参考价值，是图书馆采编、互借与参考工作常用的目录。

（2）按照目录收录文献的内容范围可以分为综合目录、专科（专题）目录、地方文献目录、个人著述目录等。

（3）按照目录反映文献收藏处所，可以划分为私藏目录、馆藏目录和联合目录。

（4）按照文献出版时间与书目编制时间的关系，可以分为现行目录、回溯目录和预告目录。

（5）按照目录反映文献的收录类型可以分为图书目录、期刊目录、地图目录、专利目录、标准目录。

（6）按照收录文献的编排方式可分为分类目录、字顺目录。

现代目录的著录项目一般有：题名、著者/编者、文献出处（包括出版单位名称、出版时间等）、编号（科技报告号、专利号等）、描述性注释（原文文别，译文来源，有关会议的名称、届次、会期及地址，文献的页数、价格，参考文献数等）。

（二）题录

题录是在目录基础上发展起来的一种检索工具，是用来描述某一文献的外部特征并由一组著录项目构成的一条文献记录，利用它可以准确地鉴别一种出版单位或其中的一部分。题录通常以一个内容上独立的文献单元（如一篇文献，一本书）为基本著录单位，但只描述文献的外部特征。题录是一种不含文摘正文的文摘款目。题录具有加工容易、文体简短、出版及时等优点。它能迅速、定期地把科技文献中最新的重要部分报道出来，并且尽可能完全地收录全民出版的有关某一领域的文献以备检索和利用。从揭示程度讲，它比目录更深入了一层。

题录的类型：

（1）最新期刊目次页汇编。直接采用刚出版的重要期刊的目次页或其校样简单编辑、制作而成的检索刊物。例如美国费城科学情报社编辑出版的《最新目次》（Current Contents，CC）。目次页按学科分类编排，并附有篇名关键词索引、著者索引和缩写刊名目录。

（2）期刊论文题录。由计算机将期刊文章按篇名关键词轮排而成的一种题录性检索刊物（或称轮排索引型题录刊物），如美国化学文摘社编印的《化学题录》。

（3）分类型题录性检索工具。按某种分类体系来组织全部题录款目。如我国的《国外科技资料目录》和《中文科技资料目录》。

（4）索引刊物。收录文献比较全面，报道量比较大，编辑加工比较精细，全部题录按主题词字顺组织排列。主题词由标引人员分析文献内容后根据较规范的词表给出。

（三） 文摘

作为一种检索工具的文摘，是在题录的基础上发展起来，以简明的文字摘述文献的主要内容和原始数据，并按一定方式编辑而成的。根据《国际标准》［ISO214—1979（E）］的规定，文摘是"一份文献内容的缩短的精确表达而无须补充解释或评论"。《中国国家标准》（GB3793—1983）规定，文摘是"对文献内容做实质性描述的文献条目"。具体地说，文摘是简明、确切地记述原文献重要内容的语义连贯的短文。它以精练的语言把文献的重要内容、学术观点、数据及结构准确地摘录下来，并按一定的著录规则与排列方式编排起来，供读者和研究人员查阅使用。

根据中国史书记载，早在公元前 1 世纪，西汉著名学者刘向就进行过书籍提要的编纂工作。18 世纪 80 年代，中国完成了最负盛名的经典文摘《四库全书总目提要》。1830 年世界上第一本科技文摘杂志《药学总览》在德国问世，它是报道科学文献发展状况、系统积累科学情报的重要工具。随着各种文献的数量急剧增加而产生了大量重要的文摘刊物，如《新华文摘》《中国学术期刊文摘》《高等学校文科学术文摘》《中国社会科学文摘》《化学文摘》等，都是重要的文摘刊物。

文摘的种类较多。若将文摘按编号方式划分，可以分为通报性文摘、指示性文摘与集萃性文摘。通报性文摘能向读者提供原文献的绝大部分实质性内容，诸如研究动机、方法、设备、结果、结论等，也能反映原文献中的有关数据，是一种高密度的情报源。指示性文摘在于向读者指明文献的主题范围，以及研究目的和研究方法。它是最简短的一种文摘类型，不指明实际情报内容，一般不能取代原文献供读者应用，而只起指引读者利用的效果。集萃性文摘往往是原文的选粹，而不是压缩，常用于社会科学和文学艺术著作。集萃性文摘不受严格的字数和体例的约束，但求能表现原作风貌或精神实质，如《新华文摘》《史学文摘》等。

若按文摘的编写人员划分，可分为第三者文摘和作者文摘两种。如果按文摘的发表时间划分，则有"先期文摘""同期文摘"与"后期文摘"之分。

（四）索引

索引可以指检索工具，也可以指检索途径。作为检索工具的索引是将文献中有价值的知识单元，如图书的章节、期刊的论文题目、著者、学科主题、重要人名、地名、名词术语、分子式等分别摘录，注明页码，并按照一定的方法排列。索引是揭示文献内容出处、提供文献查考线索的工具。

索引是对文献内容较深入的揭示，由索引款目、编排方法和出处指引系统3部分构成。它能解决目录只对文献做整体宏观著录的不足，满足读者和研究人员对文献内容单元的微观揭示和检索的要求。索引揭示了一书、一刊的基本情况，如篇目、文句，可以深入、完整、详细、系统地为读者提供所需文献的具体线索。

索引的种类繁多，按照索引的对象不同可分为篇目索引、分类索引、主题索引、著者索引、号码索引、语词索引、引文索引及专用索引。常用的索引有篇目索引与主题索引。

三、网络平台检索工具介绍

网络信息资源是指通过计算机网络可以获取利用的各种信息资源的总和。网络信息资源不仅包括互联网信息资源，也包括没有连入互联网存在于局域网或内部网中的信息资源。目前，把网络信息资源分为可见网络资源与不可见网络资源两种。

（一） 可见网络资源检索工具

可见网络资源都是免费的网络资源，查询时不必费较大力气，一般分布在政府机构网站、企事业单位主办网站以及数字图书馆、信息服务机构等建立的各种网站上，如数字图书馆目录、学科导航、论坛、博客、网络新闻、网络期刊、报纸等网络文献资源，利用搜索引擎即可方便搜索获得或登录相应网站浏览，或用户注册登录后，就能检索到所需文献。虽然综合性网络搜索引擎功能强大，覆盖面宽，但在网络信息探索的准确性上远不如纯学术性搜索引擎，如 Google 学术搜索、百度国学搜索。

（二） 不可见网络资源检索工具

一般的搜索引擎是无法检索到不可见网络资源的，如各种数据库、电子期刊、论文等。读者或研究人员要想充分检索不可见网络资源，必须具备以下几个条件：①必须获得文献使用权才能检索所需要文献的内容。②必须具备网络文献检索工具。在检索不可见网络文献时，必须掌握数字文献检索工具，即网络文献搜索工具和数据库专设检索工具。前者是指基于网络的搜索引擎，后者是指数据库专设检索工具。③必须具备文献浏览工具。数字文献不同于传统纸质文献的检索，但检索必须使用专用检索工具，阅读要匹配专用文献浏览器，如 Adobe Reader、CAJ 浏览器或超星数字图书馆浏览器等。④必须熟悉各种学术信息源。对各种数据库、信息源的布局和获取渠道，尤其自己所需数据库，要充分了解，熟练掌握，精确应用。⑤必须掌握文本转换、存储和编辑工具的使用方法。编辑及其应用的相关软件或工具在日常的文献检索中，要随时注意掌握常用文本转换、存储和编辑工具的选择和使用方法。否则，就会遇到不应有的麻烦或造成检索失误。⑥必须掌握几种语言的翻译工具，消除语言障碍，以便吸取国外的先进理论、宝贵经验或掌控行业最新进展。例如选择安装谷歌金山词霸、有道英汉词典、灵格斯翻译家等翻译工具。

（三）　CNKI 的 KDN 网络平台检索简介

中国知网 CNKI 发布的"知识发现网络平台"KDN（Knowledge Discovery Network Platform）利用知识管理的理念，实现了知识汇聚，结合搜索引擎、全文检索、数据库等相关技术达到了知识发现的目的，可在海量知识及信息中发现和获取所需要的信息，主要目标是更好地理解用户需求，提供更简单的用户操作，实现更准确的查询结果。KDN 平台主要包括资源总库、国际文献总库、行业知识服务平台、个人/机构数字图书馆四大服务平台。

1. 中国知网总库的登录

中国知网 CNKI 个人用户可以通过用户名或者 IP 两种方式登录。

在 CNKI 首页（http：//www. cnki. net）右上角单击"登录"进入登录页面。

登录即可进入 CNKI 首页，即 KDN 网络平台默认的统一检索页面。

游客访问可免费检索及浏览题录、摘要和知网节点。如果需要下载全文，只有购买了使用权的个人用户或包库用户才可浏览全文或下载全文。包库用户可以识别 IP 地址自动登录。

2. 初级检索

进入 KDN 一框式检索系统后，默认数据库为文献。文献为跨库，包括期刊、博士和硕士论文、国内重要会议、报纸、外文文献、年鉴等。

单击顶栏导航（以期刊为例），在检索框中输入检索词，选择检索字段进行直接检索，或者单击分类导航（以期刊为例）进入单库初级检索。

中国知网单库检索页面默认的检索方式为"检索"，即传统意义的初级检索，跨库默认为"高级检索"，在页面右上侧提供 7 种检索模式进行检索。

最简单的检索只需要输入检索词，单击检索选项，则系统将在默认的"主题"（题名、关键词、摘要）项内进行检索，任一项中与检索条件匹配者均为命中记录。初级检索的方法与步骤主要有：

（1）选取检索范围。在"文献分类目录"栏目下单击树形菜单，查看下一层的类目，同样操作直至找到要找的类目范畴。在要选择的类目范围前打"√"。例如，单击"哲学与人文科学"专栏目录，出现文艺理论、世界文学、中国文学、地理等类目。再单击"地理"，又出现相应的下级类目……直到最后，出现地理学概论、世界及各国地理、中国地理、世界各国地理四个最末的类目。单击末级类目后，系统自动进行检索，结果显示该类目所包括的全部文献。

单击过程中的目录，则返回上一层目录；单击"全选"，则每个类目都被选择；单击"清除"，清空所选的专题类目。

（2）选取检索项。在"检索项"的下拉框里选取要进行检索的字段，这些字段有：主题、篇名、关键词、作者、单位、刊名、ISSN、CN、期、基金、摘要、全文、参考文献、中图分类号。选择后，以下的检索将在选中的字段中进行。这些字段的含义分别是：

主题：在中英文篇名、中英文关键词、机标关键词内容方面，依据一定的算法自动赋予的关键词、中英文摘要中检索。

篇名：在中文篇名、英文篇名中检索。

关键词：在中文关键词、英文关键词、机标关键词中检索。

摘要：在中文摘要、英文摘要中检索。

作者：在作者中文名、英文名中检索。

单位：指文章发表时，作者所任职的机构。

刊名：在中文刊名和英文刊名中检索。英文刊名中包括中文期刊的英文名称和英文期刊的名称，所有名称照录纸本期刊出版时所用名称形式。

参考文献：在文后所列"参考文献"中综合检索，而不是按条目、题名、作者分别检索。

全文：在文章的正文中检索。

期：文章在某一期刊发表时所在的刊期。

基金：用基金名称检索各种基金项目资助的文章。

中图分类号：可用《中国图书馆分类法》分类号检索，如：K92 中国地理。

ISSN：以 ISSN（国际标准刊号）原有形式进行检索，如，1007—0400 广东艺术。

CN：以国内统一刊号（中国标准刊号）原有形式进行检索，如：11—1923/O6 化学教育。

（3）选择时间范围。可以选择一段时间内进行检索，如：选择从 2011 年到 2014 年。

（4）输入检索词。检索词为文章检索字段中出现的关键单词，KDN 平台具有"智能提示"功能，根据用户输入的词，系统能够提示与之相关的检索热词，无须再次手工输入，能够快速定位检索词。

（5）进行检索。单击"检索"按钮进行检索，在页面的右侧上部列出了检索结果。

（6）二次检索。一次检索后可能会有很多记录是用户所不期望的文献，这时可在第一次检索的基础上进行二次检索。二次检索是在上次检索结果的范围内进行检索，可以多次进行。这样可逐步缩小检索范围，使检索结果越来越靠近想要的结果。在"检索词"输入框里输入新的检索词，并选择二次检索字段，单击"在结果中检索"按钮进行二次检索。在检索结果页面的"分组浏览"中，可选择学科、发表年度、基金、研究层次、作者、机构进行快速二次检索。

3. 高级检索

从 7 种检索模式中单击"高级检索"标签，切换到高级检索界面。高级检索提供了更多的组合条件，如词频、来源期刊、来源类别、支持基金、作者及作者单位等。

在高级检索过程中，选取检索范围、检索字段，选择时间范围等与初级检索一样。但也有一些区别：

（1）输入检索词。高级检索界面中列有 8 个检索词输入框，用户可以依次在各检索词文本框里输入关键词，并选择要检索的字段及条件，进行快速准确的组合检索。

（2）确定各检索词之间的关系。各个检索词输入框之间设有关系下拉框，其关系选项有"并含""或含"和"不含"。用"并含"（AND）连接两个检索词（如课堂艺术 AND 农村学校），则检索结果为既满足条件"课堂艺术"的记录也满足条件"农村学校"的记录。用"或含"（OR）连接两个检索词则检索结果为单独满足两个条件的记录。用"不含"（NOT）连接两个检索词（如 A NOT B），则检索结果为从满足条件 A 记录中排除具有条件 B 的记录。

（3）进行检索。单击"检索"按钮进行检索。出现检索结果显示页面，列出了每个记录的篇名、作者、关键词、刊名、年期。

（4）二次检索。在高级检索结果中没有设置"在结果中检索"功能，但有"分组浏览"进行快速二次检索。这也是每个检索结果页面都具有的功能，并且，结果页面的左侧栏可以根据学科领域、来源类别、期刊、关键词快速缩小结果范围。

4. 专业检索

专业检索比高级检索功能更强大，适用于专业检索人员，每个库的专业检索都有说明，可以单击专业检索表达式输入框右侧"检索表达式语法"，参看详细的语法说明。

要进行专业检索，可单击 7 种模式中的"专业检索"标签，切换到专业检索界面。其专业检索表达式中可用检索项名称，见检索框下方的"可检索字段"，构造检索式时请采用"（）"前的检索项名称，而不要用"（）"括起来的名称。"（）"内的名称是在初级检索、高级检索的下拉检索框中出现的检索项名称。

5. 题录保存

选择保存题录是指当获得检索结果后，如需要将检索结果的题录保存以供他用时，可在检索结果的简单页面上选择条目进行保存。保存题录操作步骤：选择题录（全选、单选）→导出/参考文献→选择存盘格式（简单、详细、引文、自定义）→预览→打印（或复制保存）。

6. 全文下载及在线预览

登录正式用户可以下载保存和在线预览文献全文。系统提供两种途径下载浏览全文：一是从检索结果页面（概览页）单击题名后的相应标识可下载浏览 CAJ 格式全文；二是从知网节点文献（细览页），可分别下载浏览 CAJ 格式、PDF 格式全文。

KDN 平台新增在线预览全文功能。图标表示预览全文，单击之后进入在线预览页面。

//第四章
教育研究的常用方法

本章从教育观察法、教育调查法、行动研究法、个案研究法以及经验总结法详细介绍了教育研究的常用方法。

第一节　教育观察法

教育观察法是教育研究的重要方法之一，它不仅可以帮助了解学生的学习和生活状况，而且可以帮助了解学生的课外生活和群体氛围；不仅可以帮助了解教师教育、教学活动，而且可以帮助了解师生关系、教师群体之间的氛围，以及其他因素（如教材、教学手段、教学环境、校园文化等）对教育的影响与作用。

一、　教育观察法概述

（一）　教育观察法的含义与特点

1. 教育观察法的含义

观察是人们日常生活和工作中经常进行的一项活动。不过，在日常生活和工作中，人们习惯将观察说成"看"：早上睁开眼睛第一件事情就是"看"时间；出门上班"看"街道上的交通状况；到了上班的地方"看"同事们的精神状态等，这些活动其实都是观察。对于教师来说，上课时，要观察学生的听课表现、纪律表现；下课后要观察学生的课余表现。所以说，无论是教师职业还是其他职业，每个人每天都在进行观察活动。当然，观察还是要有方法的，那么什么是教育观察法呢？

教育观察法是研究者在比较自然的条件下，通过感官或借助科学仪器，在一定的时间、空间内进行的有目的、有计划的考察并描述教育现象的方法。

教育观察法是进行教育研究的科学方法之一，因此，与人们日常生活和工作中的观察有着质的区别。

首先，作为科学研究方法的教育观察法，观察目的明确而稳定。日常观察是对自然现象的随机感知，虽然它也要有一定的观察目的，如对路面交通状况的观察，如果交通比较拥堵，观察者得出的结论可能是：现在这条路的交通很壅塞。这只是一种印象、一种感知。至于堵到什么程度，如每小时车流量是多少，哪种类型的车居多，观察者则未必注意了。教育观察则不同，如要观察某位教师课堂上学生的发言情况，就会观察该教师课堂上学生发言的频次、频次分布状态、发言学生的位置分布，而且这样的观察还会持续一段时间，以便得出比较客观的结论，并且要把教育观察的对象特定性明确指出来。

其次，教育观察法的计划性更强。上面的举例，也可以说明这一点。

最后，教育观察法要求做严格而系统的记录，并对记录情况进行分析。日常观察则不需要。

2. 教育观察法的特点

在讨论教育观察法的含义时，已经分析了它与日常观察的本质区别，如教育观察法具有较强的目的性、计划性、要求做严格而系统的记录等。其实，明确的目的性、严密的计划性和要求做严格而系统的记录，这些都是教育观察法的主要特点。除此之外，教育观察法还有下面两个特点：

（1）教育观察法越来越依赖科学仪器和现代技术。观察一般是在自然情景下，观察者通过自己的眼睛、耳朵等感觉器官去感知被观察者的方法。但是，在科学技术高度发展的今天，运用教育观察法进行教育研究时，观察者已经越来越依赖科学仪器和现代技术，如照相机、录音机、摄像机等现代科学仪器，并对这些仪器加以综合运用。如师范大学开设的微格教学课程，就是利用微格教室的现代技术优势，观察学生课堂教学的表现，以增强指导的针对性。当然，依赖科学仪器和现代技术，并不是说离不开科学仪器和现代技术。事实上，在高校的日常教学研究中，更多的时候还是靠"人工"观察，即研究者依靠自己的感觉器官来进行教育观察。究其原因：一是条件的限制，缺少现代化的科学仪器；二是很多研究者还缺乏使用现代化科学仪器的能力；三是教育观察法作为一种研究方法，它的运用还不够科学严谨。例如，随堂听课应该是教育观察法在高校教学研究中的一种普遍形式，但是，很多时候观察者也就是"听一听，说一说"而已，缺乏对所听之课进行科学而严谨的分析，因此，也不需要现代化科学仪器。

（2）教育观察法的运用一般都是在自然状态下进行的。在进行教育观察时，不能够对被观察者进行任何形式的干预和控制，尽量使被观察者处于一种"自然"的状态。但是，由于各种各样的原因，包括主观的、客观的原因，教育观察很难做到在真实的自然状态下观察。

（二） 教育观察法的分类

由于观察目的、观察内容、观察方式、观察手段等方面的不同，教育观察法在实际运用过程中可以分为以下不同的类型：

1. 自然观察法和实验观察法

自然观察法是在自然状态下的观察，而实验观察法是在人工控制状态下的观察。具体而言，自然观察法就是对观察环境在不加改变和控制的状态下进行的观察活动，它又分为隐蔽观察法和公开观察法两种。在隐蔽观察时，被观察者对自己正在被别人观察是不知道的；而在公开观察时，被观察者则知道自己正在被观察，甚至可以看到观察者。在高校的随堂听课中，被观察者不仅可以看到观察者，在教学过程中还可以进行反观察，即观察"观察者"的反应。而在微格进行中，被观察者虽然知道自己在被观察，但是却看不到观察者。

实验观察法是在人工控制的环境中进行的系统观察。它要求对实验条件和影响因素（自变量）进行控制，并寻找（或发现）影响因素与被观察者行为表现之间的关系。

2. 直接观察法和间接观察法

直接观察法是指直接通过观察者的感官考察被观察者活动的方法。其优点是：直接、具体、真实、灵活机动；不足是：眼见未必为实，耳听未必为真。为什么这样说呢？主要是基于以下 3 点理由：首先，人的感官灵敏度是有限的；其次，人的注意力与短时记忆的广度也是有限的；最后，人的选择总是很自我的，总是选择"我"所需用的信息。

间接观察法是指观察者借助仪器考察被观察者活动的方法。

直接观察法与间接观察法的区分是相对的，在实际观察中，两者一般都是相互结合，以求观察效果的最大化。教育中的观察大多是直接观察法。

3. 参与观察法和非参与观察法

参与观察法是指观察者参与观察对象的活动，通过在与观察对象共同进行的活动内部进行观察。这要处理好"参与者的观察"和"观察者的参与"的问题，也就是既要观察好，又不能失去自我。

非参与观察法是指观察者不参加被观察者的任何活动，完全以局外人的身份进行观察活动。这种方法用得较多。

4. 有结构观察法和无结构观察法

有结构观察法是指在观察前有详细的观察计划、明确的观察指标体系、规范的观察记录表，观察过程中则严格按计划进行的观察活动。有结构观察法有两个突出的优点：一是能够获得系统、真实的观察资料；二是观察结果易于定量处理和对比分析。其不足也十分明显：一是它的运用对理论和技术要求都很高；二是观察过程呆板，缺乏灵活性。

与有结构观察法相反，无结构观察法既没有详细的观察计划，也没有明确的观察指标体系和规范的观察记录表。事实上，无结构观察法只是要求观察者有一个总体的观察目的和要求，或者是一个基本的观察范围和观察内容即可。通俗一点讲，无结构观察法就是"走马观花"，即通常所说的"我看看"或"我听听"。无结构观察法最大的优点是灵活和适应性强，在教育研究中，使用的面非常广。例如，学校领导和有经验的老教师去听青年教师的课堂教学，就是一种无结构观察法；同样，年轻教师听有经验的老教师的课，也属此类情况。听课者（课堂观察者）并没有明确的观察指标体系，更多的时候是随着课堂教学的进程去发现好的方面或者不足的地方。当然，无结构观察法也有其不足的地方，就是不便于进行定量分析，因此容易造成不同的观察者之间所得到的观察结果有所不同，甚至有相反的结论。究其原因，是观察者的观察角度不同，缺乏统一的观察指标和评价标准所致。

5. 时间取样观察法和事件取样观察法

时间取样观察法是指在指定的时间内对被观察者的各种行为表现和事件进行全面的观察和记录的观察方法。

事件取样观察法是指对某种与研究目的有关的、预先确定的、有代表性的行为或现象的背景、起因、经过、结果、持续时间等进行观察和记录的观察方法。

（三）教育观察法的优点与不足

在教育观察法的分类论述中，针对具体的观察方法，都给出了其优缺点。总体而言，教育观察法的主要优点表现在以下 3 个方面：①简便易行；②获取的是第一手资料，可信度较高；③对教育现象可进行长时间、较深入的分析。

教育观察法的主要不足表现在以下 3 个方面：①易受观察者的主观因素影响；②观察结果的代表性不够明显；③有时会出现"眼见未必为真，耳听未必为实"的情况。这是因为观察者未必能够保持长久的、稳定的注意力所致。

作为一个观察者，了解了它的优点与不足，就需要发扬优点，克服不足，让观察法在教育研究中发挥更大的作用。特别是在教育改革深入发展的新形势下，了解课堂、了解课堂教学中师生的活动状态、了解课堂环境对课堂教学的影响，分析影响提高课堂教学效益的各种因素，进而寻找提高课堂教学质量的策略，达到促进学生全面发展的目的，这是每一个教育工作者都应该关心的事情。正是有了这样的大背景，教育观察法比以往任何时候都受重视，也越来越受到一线教师的欢迎。

二、 教育观察法的设计

俗语云：磨刀不误砍柴工。要想真正发挥教育观察法在教育研究中的作用，提高其运用效率，就必须做好相关的设计工作。不同类型的观察法在设计要求上有所不同，但是，无论哪种类型的观察法，在开始观察之前，都要解决"观察什么、用什么方式观察、如何观察以及谁来观察"的问题，对这些问题的回答过程，也就是教育观察法的设计过程。

（一） 确定观察内容

确定观察内容就是要解决"观察什么"的问题。那么怎样确定观察内容呢？一般来说，要确定观察内容，观察者必须了解和解决以下问题：第一，观察的目的。观察内容必须准确地反映、体现观察目的。第二，可操作。观察者根据所确定的观察内容应该能够观察到自己所希望观察的行为或事件。为此，必须能够建立观察内容体系，必须界定所要观察的内容在具体场景中的表现特征，也就是要确定哪些特征能够反映观察内容。

例如，作为一位青年老师或者实习生，当第一次以观察者的身份走进课堂听课时，就面临"听"什么的问题。如果不能很好地确定"听"的内容，就会事倍功半，收获甚微。因此，在走进课堂前，必须确定自己想要"听"的内容，也就是自己的观察内容。如从组织教学的角度，可以观察教师是如何维护课堂教学秩序的，出现偶发事件后，教师是如何处理的，等等；从教学的基本程序的角度，可以观察教师的整节课有几个具体的环节，每个环节所用的时间等；从师生交往的角度，可以观察教师和学生的互动情况，包括教师提问的数量，学生回答问题的次数即人数（如果再深入一些，还可以区分出主动回答问题和被动回答问题的次数及人数）；学生主动向老师提问的次数及教师的回应情况等。

（二）选择观察方式

确定了观察目的和内容后，就需要选择最能达到观察目的的观察方式，当然，选择观察方式还必须结合观察者自身的客观条件。例如，对于具有较好现代化设备，并且观察者自身能够熟练使用这些设备的观察者来说，在进行教育观察时，最好运用间接观察法。目前，很多大学，特别是师范院校，为了培养大学生的教学实践能力，普遍加强了微格教学，有的学校还开展了师范生的微格教学比赛，以便进一步推动该项活动。对于实习生或者刚刚参加工作的青年老师来说，去听有经验的老师的课，一般都是采用自然观察法。一般而言，带着过多的仪器设备去听这些老师的课，一方面上课的老师难免有所准备，听不到"自然、真实"的课；另一方面，上课的老师未必同意研究者"完整"记录教学的全过程。如果上课老师不同意研究者带仪器进他的课堂，研究者在没有征得其同意的情况下，强行录音或摄像，就会造成一些不必要的矛盾。

（三）制定观察记录表和记录代码系统

教育观察设计的第三步就是制定观察记录表和记录的代码系统。制定观察记录表是为了使观察记录的指向性更强，记录的内容更有效，而制定记录代码系统是为了使记录更快捷。

1. 制定观察记录表

观察记录表是一种反映目的的、有效的记录行为或事件的工具，它具有指向性和系统性。有了观察记录表，观察者就可以集中精力记录观察记录表上的各项内容，不至于因"注意力不集中"而使记录具有随意性。

观察记录表的核心是表中的各个项目。不同的观察者因目的、内容、研究视角的不同，其所要求的记录项目自然也不同。

2. 制定记录代码系统

观察记录代码系统是研究者为了方便、快捷地记录有意义的、可以观察和处理的行为类别或行为单位而制定的一套符号系统。其目的是在行为类别或单位与符号之间建立对应关系，在实施观察时，对相应的行为用符号代替之。

使用记录代码系统可以使观察记录更快速、准确。然而，在实际观察过程中，记录代码系统的使用并不是很普遍。其原因是：首先，要求观察者在使用观察记录代码系统前，必须熟记观察记录代码。如果不能熟记或经常混淆，就会使观察工作前功尽弃。其次，一般来说，记录代码系统具有"普适性"，而教学过程具有复杂性的特点，特别是教学过程中师生的行为具有很强的个性特征，因此，一套代码系统难以适应不同的教师和学生。再次，对于广大的教师而言，他们在进行教育观察时，更愿意记录被观察者的全貌，而非某些"重点"方面。当然，如果是做某一项专题研究，希望找出某些"规律性"的东西，而且参与观察的人较多，此时，观察记录代码系统则是非常有用的。

3. 观察记录表示例

由于教育观察的内容是多方面的，不同的内容要求观察记录表也有所不同。表 4-1 至表 4-4 是几种常用的观察记录表。

表 4-1　学生课堂行为记录

_____学校　___年级　学生姓名_____　教学科目_____　课题_____　教师_____

（注：出现次序，以 1、2、3 等序数字表示）　　　　　　　　　　记录者日期：_____

学习行为	出现次序	持续时间	出现次序	持续时间	出现次序	持续时间	非学习行为	出现次序	持续时间	出现次序	持续时间	出现次序	持续时间
听讲							讲话						
举手回答问题							看无关书籍						
举手提出问题							做小动作						
示范							打闹						
做课堂练习							擅离座位						

这种对学生课堂行为的记录表，可以依据观察者的观察目的、要求来设置学习行为和非学习行为的项目指标。

表 4-2　学生作业情况记录（程度等级记录）

班级_____　日期_____　学生姓名_____

很好	较好	一般	较差	很差

表 4-3　学生作业情况记录（描述等级记录）

班级_____　日期_____　学生姓名_____

正确	正确	有错误	有错误	错误多
整洁	不够整洁	整洁	不够整洁	不整洁

表 4 - 4 学生课堂发言记录（频次记录）

学生序号	学生姓名	被点名回答问题	主动回答问题	主动提问

关于学生课堂发言的频次记录，如果教师手头有学生的座位表，也可以在座位表上直接用写"正"字的方式记录。在座位表上记录，不仅可以记录学生课堂发言的频次分布，还可以直接观察到学生发言的区域分布。

三、 教育观察法在教育研究中的运用

随着素质教育理念的深入人心和课程改革的积极推进，教师和教育工作者开展教育研究的积极性越来越高。作为主要的教育研究方法之一，教育观察法在教育研究中有着广泛的应用。

前面关于教育观察法的分类中，共分为 5 组，介绍了 10 种观察方法，并指出了每种观察方法的优点与不足。但是，对于广大的一线教师和教研人员来说，由于时间和工作性质的原因，他们不可能像专职的教育研究工作者那样，花大量的时间做非常专业的研究。更多的时候，他们都是结合自己的课堂教学或学校的管理工作实际，开展相应的观察研究。而且，在一线教师的观察研究中，常常是几个观察方法的综合运用。比较常见的有以下两种组合，即无结构的非参与观察和有结构、非参与式时间取样观察。

（一）　无结构的非参与观察

无结构观察只有一个总体性的观察目的，具体目的并不明确，在观察内容上，也只有一个大致的意向，而非参与观察不要求观察者参与被观察者的活动。因此，无结构的非参与观察是典型的"走马观花"，其最大特点就是简便易行。尽管是"走马观花"，但是，在高校教学研究中，这样组合式的观察方法，使用还是非常普遍的。例如，青年教师向中老年或其他优秀教师学习教学经验时，一个有效的途径就是"听课"，而这样的课堂教学观察就是典型的无结构的非参与观察。随着国家对基础教育投入的增加，高校学校、教师之间的学习、交流越来越普遍，教师之间的交流学习大多是以"听课"为主，也就是以无结构的非参与观察为主。此外，对于很多的管理者来说，为了了解教师的教学情况、班级的管理情况和学生的学习态度、学习积极性等情况，也会经常下到班级去听课，去"看一看"，这也是无结构的非参与观察方法在高校管理方面的运用。

1. 无结构的非参与观察的内容

尽管无结构非参与观察的具体目的不是十分明确，内容也只有一个大致的意向，但是，既然是观察，就会具备观察方法的一些基本内容，包括人物、行为表现、情境等。

（1）人物。人物是教育观察中的重要观察对象。在无结构非参与观察中，对人物的观察是重要内容之一。例如，观察者进入教室后，自然而然就会观察教师和学生的活动，包括学生的人数（学生是否全部到齐、迟到的人数、旷课的人数）、学生听课的情况、教师上课时的表现、师生间的交流等。

（2）行为表现。行为表现的观察分两个方面：一方面是人物的常规表现，如教师教学时的仪态和讲课的语音、语速、肢体动作等，学生听课的神情及表现等；另一方面是特殊情形下师生的行为表现，如出现突发事件时，观察者就应该观察事件是如何发生的、行为的目的、行为发生的过程以及该行为的性质、影响等。

（3）情境。这里的情境主要是指事件或活动出现的背景，如课堂教学过程中，学生之间出现了吵架甚至打架等突发事件，作为观察者，就必须了解事件发生的一些背景情况，因为这些背景情况是分析和处理该事件的重要参考。

2. 无结构的非参与观察的记录方式

在进行无结构的非参与观察时，由于没有系统的观察目标，也就没有事先制定的观察记录表。每个观察者因其观察的目标不同，记录的方式也有所不同。一般来说，有以下几种记录方法：

（1）全景记录法。所谓全景记录法，就是观察者把自己现场所观察到的内容全部记录下来，在力所能及的范围内，不漏掉任何一句话或一个细节。从课堂观察的角度，这种记录方法多出现于以学习为目的的课堂教学观察活动中。例如，年轻老师刚开始听课（特别是听那些名师的课时）往往就是采用全景式的记录方法。这种记录方法的优点是记录比较完整；不足是由于注意力等方面的限制，对所记录的内容缺乏及时的点评，容易造成记录有余、思考不足的局面。

（2）重点记录法。重点记录法就是观察者在进行现场观察时，只记录那些自己认为重要的内容。例如，有经验的教师在观察课堂教学时，一般只记录他们认为重要的内容。重点式记录的好处是可以边记录，边思考、点评。站在课堂观察的角度，这种记录方法多出现于以研究为目的的观察者身上。

（3）日记描述法。日记描述法是观察者在观察之后，以日记的方式记录观察的内容。与全景记录法和重点记录法都是现场记录不同，日记描述法是一种事后记录法。由于受到记忆力等因素的影响，日记描述法一般只记录那些给观察者留下深刻印象的内容（人物、事件等）。日记描述法的记录，一般伴有事后的分析与反思，亦是以研究为目的的观察。

（4）轶事记录法。轶事记录法是观察者只记录那些观察者认为有价值、有意义的行为或事件，可以是典型行为，也可以是异常行为。从时间上来看，它可以是现场记录，也可以是事后记录；从空间上来看，它可以是现场记录，也可以是非现场记录；从要求上来看，出现观察者认为值得记录的行为或事件就记录，没有出现则不记录。因此，轶事记录法在教育研究者中使用得较少。

对于无结构的非参与观察而言，无论哪种记录法，记录的内容看起来是比较零散的、无规律的，似乎没有多大的用途，其实不然。只要坚持记录，时间长了，记录的内容多了，就会发现其中所隐含的具有规律性的内容。通过整理、分析，或许就会找到重要的结论，或许可以总结出新的教学方式方法等。

（二） 有结构、 非参与式时间取样观察

在高校的教育研究中，使用最普遍的是有结构、非参与式时间观察，无论是管理方面的观察研究还是教学方面的观察研究，都是使用这样的方法。当然，教学观察研究使用得更普遍。

1. 有结构、非参与式时间取样观察的步骤

对于有结构、非参与式时间取样观察来说，第一个步骤是确定观察问题的结构。面对不同的观察目的和观察对象，观察者所确定的观察结构则有所不同。例如，即使同为课堂教学观察，日常的观察结构和教学比赛时的观察结构也可能不同。第二个步骤是编制记录表。在对高校的课堂教学进行观察时可以具体到师生的行为表现，更多的时候是观察者对观察到的师生的行为表现做出的评价和归类。当然，这样的观察记录，对观察者的要求更高。第三个步骤是确定观察时间段和观察对象。第四个步骤是实施观察。

2. 有结构、非参与式时间取样观察的实例分析

有结构、非参与式时间取样观察在高校运用很普遍，从学校的常规听

课到各级各类的比赛听课；从教师个人的学习、研究听课到年级、学校的课题研究等，都在运用这种观察模式。

第二节 教育调查法

调查法是社会学领域一种常用的实证研究方法，被广泛应用于社会科学的各个研究领域。所谓调查法是研究者在科学方法论的指导下，运用问卷、测量、访谈等方法和手段，对某些社会现象、问题进行有目的、有系统的考察与分析，进而得出相应结论的研究方法。运用调查法研究教育现象和教育问题，就是教育调查法。

调查法既可用于定量研究，也可用于质性研究。用于质性研究的调查法就是访谈调查法，而用于定量研究的调查法就是问卷调查法。

一、 问卷调查法

问卷调查法就是研究者用严格设计的问卷，通过书面语言与被调查者进行交流，以此来获取被调查者关于教育问题或教育现象的信息和资料的方法。它是调查研究中使用最多的一种方法。

（一） 问卷调查法的优缺点

顾名思义，问卷调查就是要通过统一而严格设计的问卷来获取被调查者的信息和资料。这些用于调查的问卷，一般称为调查工具。

1. 问卷调查法的优点

问卷调查法有许多优点，如简便易行等，比较突出的优点有以下3个：

（1）标准化程度高。标准化程度高是问卷调查法的第一个优点，主要表现在3个方面：①调查工具的标准化。调查工具是调查者在调查实施前，根据问题的目的和需要，进行统一严格的设计，并按一定的要求编制而成的。调查实施时，无论被调查者在性别、年龄、文化背景和水平、地区等方面有多大的不同，他们所面对的都是同一份调查问卷、同样的问题和备选答案。②调查过程的标准化。问卷调查时，无论调查者是否亲自主持调查，被调查者都是面对同样的问题，独立作答，因而能够避免调查者的主观意识对被调查者所施加的各种影响。调查过程的标准化，保证了调查的独立性，从而提高了调查数据、资料的可信度。③调查结果的标准化。由于问卷对绝大部分问题的备选答案做出了分等级或分层次的限定，被调查者只能根据个人的实际情况对问题答案做出选择，因而，调查结果是比较确定的。然而，需要指出的是，问卷调查结果的标准化，是指调查所获得的资料是比较确定的。至于调查结果该怎样运用，则是评价的问题，与调查结果的标准化无关。调查工具的标准化，为统计分析奠定了基础；而调查结果的标准化，则为结果的统计分析提供了方便，这也是问卷调查法得以广泛运用于社会科学研究中的原因之一。

（2）匿名性强。匿名性强是问卷调查法的又一个优点。问卷调查一般不要求被调查者署名，从而能够消除被调查者在回答问题时的一些顾虑，特别是一些敏感问题或者涉及被调查者隐私的问题。

（3）效率高。效率高是问卷调查的第三个优点。一般来说，问卷调查具有省时、省力、省经费的特点（当然，如果调查所涉及面很广，如人口普查等，则另当别论），调查者能够同时对大量的被调查者开展调查，获取大量的信息和资料。因此，从获取信息资料的角度来看，问卷调查法是一种行之有效的研究方法。

2. 问卷调查法的缺点

问卷调查法虽然有很多优点，但是，任何事情都有两面性，问卷调查法也有其固有的缺点或局限性。

首先，调查结果完全取决于被调查者的合作态度和实事求是的科学精神。由于问卷调查具有标准化等优点，在实施调查时，被调查者都是独立作答，基本不受调查者的主观影响。然而，每个被调查者对调查目的、意义的理解不同，甚至在作答时的心境、情绪，都会影响其作答。作答时敷衍塞责、正话反说，这时的调查结果是不客观的，甚至是虚假的。此外，被调查者在做调查问卷时，一般都存在如下行为习惯：按自己所理解的"好"的结果作答。需要说明的是，这样作答，是有意为之也好，无意为之也罢，都会影响调查结果的真实性，又都与被调查者的合作态度和实事求是的科学精神无关，而且，更多时候，是被调查者的一种潜意识行为。

其次，对被调查者的要求较高。由于问卷调查是靠书面语言进行的，被调查者的文化水平、对事件或问题的认识程度等，都影响到调查能否顺利进行以及调查结果的叫靠性。因此，对属于特殊群体的被调查者，应该采取一些特殊措施。

如对于文盲来说，可以采取调查者念题目的方式进行。

最后，难以做到与被调查者的近距离接触。一般情况下，问卷调查都是被调查者独立作答，调查者只负责发放和回收问卷。很多时候，调查者都不亲临调查现场，因此与被调查者的交流较少。即使能够亲临调查现场，调查者除了解释题目（只限于解释有歧义的题目，这本来是应该避免的，但实际调查过程中，很难完全做到）外，也只能是观察被调查者作答，而不能影响被调查者的独立作答。

（二） 问卷调查的一般步骤

问卷调查法有其自身的规律性。从步骤上看，一般包括明确调查研究的课题，确定调查内容，编制或选用调查工具，选取调查对象，制订调查实施计划（有时还要进行调查人员的培训），实施调查，整理调查资料，撰写调查报告等方面。

1. 明确调查研究的课题

明确调查研究的课题是开展调查研究的第一步。研究课题的提出总是与研究者的需要相关，无论是理论研究的需要，还是教育实践的需要。理论研究的需要，就是在进行教育理论研究时，需要对某些教育现象或教育问题进行实证分析或者需要实证的资料，从而开展教育调查研究。教育实践的需要，更多时候是对于一些宏观教育现象或问题开展的调查研究，如对关于农村留守儿童的现状、代课教师的现状等问题开展的调查研究。

一项调查研究课题的提出，需要考虑以下一些因素：课题是否有意义；调查的目的是否明确，任务是否具体；是否有进行调查的必要；调查是否能够达到目的等。调查课题的提出，是对调查者教育理论水平和教育实践能力的综合考察，因此，每个调查者应该根据自己的实际提出调查课题。

2. 确定调查内容

调查课题确定后，紧接着要做的一件事情就是确定调查内容，这也是后面设计和编制调查问卷的基础。有些课题比较小，指向非常明确，调查内容的确定比较容易。如上面的课题"华中师范大学教师使用 PPT 授课的调查"，调查内容应该比较确定。但是，也需要做一定的规划与思考，如时间区间的确定就是一个很重要的问题，是某一个学期、一个学年度，还是几个学年度。再如，空间跨度也是必须考虑的一个重要问题，是只调查教师给本科生上课时使用 PPT 的情况，还是包括硕士研究生、博士研究生，是否包括教师外出讲学的情况。因为不同的对象，讲课的要求有所不同，教师是否使用 PPT，以及使用到什么程度是有所区别的。有些学科的教师，在给本科生上课时不用 PPT，而外出讲学时则使用 PPT。

由此可见，调查哪些具体问题，在什么范围去调查这些问题，从什么角度去获取关于这些问题的信息，这些都是在调查课题明确后、问卷编制前必须要回答的问题，也就是要对调查内容进行具体、细致的规划。

3. 编制或选用调查工具

调查内容明确后，就应该考虑调查工具的问题。关于调查工具，可以直接选用已经很成熟的、现有的调查工具。如果选用现有的调查工具，根据具体需要做些小的调整即可。在教育调查中，由于课题一般都是根据研究的需要来确定的，有其特殊性，所以，调查工具有时还需要调查者自己编制，以保证调查的特殊性和独立性。

调查工具的编制，既是一项技巧性很强的工作，也是一项逻辑性很强的工作。编制时，第一步是要把调查内容分解成几个大的部分，如分解成A、B、C、D四个部分；然后，把每一个大的部分再分解成若干个子部分，如把A部分分成A1、A2、A3共3个子部分；第二步则是根据调查的需要，对每一个子部分编制调查题目；第三步就是把所有的题目按一定的要求合成一份调查问卷。

4. 选取调查对象

调查课题确定后，就要根据调查研究的目的、任务确定和选择调查对象。一般来说，问卷调查的题目确定后，被调查者的总体就确定了。除普查外，其他调查都是抽查，即抽样调查，是指从所有的调查研究对象总体中按照一定的抽样方法抽取调查样本，然后对样本进行调查的调查方法。实施抽样调查时，样本的代表性决定着调查结论的可靠性，因此，样本的选择就显得非常重要。选择合理的样本，需要有科学的选择方法。目前，使用较多的抽样方法有抽签法（随机抽样法）、等距抽样法、分层抽样法和整群抽样法。

抽签法，俗称"抓阄"，是大家比较熟悉的一种方法。

等距抽样法也称机械抽样法，就是把总体中所有个体按一定顺序编号，然后依固定的间隔数取样的抽样方法。假如被调查者的总体有100人，需要从中抽取10人（个体）作为调查对象，可以把这100人编号，序号就是1、2、3…100。抽样时，可以是1、11、21…91，也可以是2、12、22…92，依此类推。现在，有些专家认为，下面的方法也属于等距抽样法，即将1～100分为1～10，11～20，…，91～100；然后，按抽签法从每组中抽取1个号码，这样的10个号码组成的样本，也被认为是等距抽样得到的，如10、11、30、31、41、59、70、71、88、100。

分层抽样法就是按与研究内容有关的因素或指标，将总体划分成几个层次不同的部分，然后依一定的比例在每个层次中取样个体的抽样方法。分层抽样要注意两点：一是每个层次内部的差异要尽量小，而层次之间的差异则较明显；二是每个层次内部的抽样方法可以灵活处理。分层抽样时，每个层次个体数量的确定，就是按照总体中个体的数量与样本容量（就是样本中个体的数量）的比例，采用按比例分配的方法来进行分配。

整群抽样法就是从总体中抽出来以整群为单位的研究对象。一般来说，整群确定后，只要不是普查，还得采用上面所介绍的等距抽样、分层抽样等方法继续进行抽样。

5. 制订调查实施计划、实施调查

调查实施计划是调查工作开始前的一个工作框架，或者说是调查工作的路线图。主要内容包括调查的组织、领导，日程安排，参与调查的人员分工（必要时，还需要对参与调查的人员进行培训），调查问卷的发放与回收方式（送发问卷还是邮寄问卷，如果是邮寄问卷，必须把回收的每一个细节考虑成熟，以提高问卷的回收率），交通工具的安排及安全事项的强调等。

6. 整理调查资料

调查结束后的首要任务，就是对调查数据的录入。录入调查数据是一项非常精细的工作，要求录入者必须认真、细致。如果录入工作不认真，就会导致数据不真实，那么整个调查工作就是失败的。

数据录入结束后，就要根据问卷调查的目的，对数据进行认真的、科学的整理与分析。对数据的分析，不仅需要客观，还需要科学的分析方法。所以，需要有一定的教育统计知识作为基础，因此教育研究工作者必须学习相关的教育统计理论，特别是开展定量研究的时候更是如此。

7. 撰写调查报告

撰写调查报告是问卷调查的最后一项工作，是调查成果的体现。调查报告的水平高低，决定着整个调查工作的成败，因此必须高度重视。

二、 访谈调查法

访谈法是一种常见的研究方法，广泛应用于社会研究的各个领域。"访谈"事实上就是某种对话，而访谈或对话原本就是一种古典式的探寻问题的方式。东西方的教育源头也都来自这种谈话，如大家广为熟知的孔子的《论语》和柏拉图的《理想国》就是以谈话语录的方式编写的典籍。但是访谈法又不同于一般的谈话，它通过一些特殊的方式使即兴的谈话更加标准化和科学化，使之成为一种有力的科学工具。教育访谈法是访谈法在教育中的应用。

(一) 教育访谈法的概念及目的

教育访谈法是在访谈者的引导下，访谈者与访谈对象进行有目的、有计划、有准备的研究性交谈，以此收集各种客观性的有价值的资料的一种教育研究方法。教育访谈法是教育性研究中一种常用的方法。教育访谈法主要用于教育教学调查、学校心理咨询、征求意见等科研活动，既有事实的调查，也有意见的征询，多用于个性、个别化研究。

教育访谈法的目的有 3 个：一是全面获取研究所需的研究对象过去、现在和将来的第一手资料；二是对已有的研究结论进行论证；三是深入地了解人们的传记、经验、观点、世界观、理想、态度和情感，弥补问卷、观察等调查方法的不足，与这些方法合作收集资料[①]。

(二) 教育访谈法的类型

根据不同的分类标准，可以将教育访谈法划分为不同的类型。

1. 根据访谈设计和访谈过程的关系分类

根据访谈设计和访谈过程的关系可分为结构性访谈和非结构性访谈。

---

① 迪姆·梅. 社会研究问题、方法与过程 [M]. 北京：北京大学出版社，2009.

（1）结构性访谈。结构性访谈也称定向访谈，是指按照统一设计的要求和访谈内容向访谈对象提问，并要求访谈对象按规定标准进行回答的访谈方式，通常采用问卷或调查表的方式进行。

结构性访谈中访谈者的任务就是根据访谈提纲上问题的顺序来引导访谈对象，访谈者对访谈对象的回答必须保持中立的态度。开展这类访谈的原则是：解释的标准化，不能偏离计划；不要提示或提出任何个人性的观点；不要解释问题的含义，只是重复问题。

结构性访谈的优点：目的指向性强，问题具体明确，易于控制访谈过程；对不同对象的访谈所获得的资料易于整理和比较；访谈对象的注意力不易受无关因素的影响。

结构性访谈的缺点：由于访谈者和访谈对象之间的交谈具有一定程度的复杂性，实际谈话过程中很难完全按照预定的模式进行，所以访谈者并不能绝对掌控谈话进程。

（2）非结构性访谈。非结构性访谈也称非定向访谈或深层访谈，是指只有一个一般性访谈提纲的访谈方式。访谈者事先不固定访谈的问题及顺序，只是先确立一个主题，通过设定情境的引入，让访谈对象围绕这一主题自由发表个人观点。

谈话中访谈者不用给访谈对象任何指导和建议，只是采取倾听的态度，让访谈对象自由、充分地表达自己的观点。

非结构性访谈的优点：可以对某个事物或者问题进行更为深入的调查，适合于动机、态度、价值观等方面的研究，所获得的材料往往具有较高的真实性。一般用于深入的个案式访问，了解个案的全面情况。

非结构性访谈的缺点：由于没有一定标准的固定提纲，访谈者可能对谈话过程缺少系统的控制，对资料的记录和量化比较困难，同时对不同访谈对象的访谈信息也很难进行适当的比较。

由于访谈中可能会发现新的问题或者需要根据访谈对象的谈话来提问

下一问题，所以在具体的实施中，访谈者可以将上述两种方法结合起来使用，这样可以吸取二者的优点，既避免了结构性访谈缺乏灵活性等缺陷，也避免了非结构性访谈难以做量化比较等局限。

2. 根据访谈的次数分类

根据访谈的次数不同可分为一次性访谈和重复性访谈。

（1）一次性访谈。一次性访谈也称横向访谈，是对访谈对象在某一段时期内的思想、态度及行为等进行的一次性完成的访谈调查。它的特点是一次性完成，所获得的资料一般属于静态信息，因此，不易了解教育现象发展的过程与发展趋势。

（2）重复性访谈。重复性访谈也称跟踪访谈或纵向访谈，是指要经过多次访谈才能完成的访谈。主要用于随着时间的推移和其他环境条件的变化，人们在思想、态度和行为等方面所发生的变化的研究调查。重复性访谈是一种深度访谈调查，具有较强的科学研究性质，得出的结果具有动态性。但是费用较高，耗时长，对访谈者的要求也较高，一般多用于小范围的专题研究。

3. 根据一次访谈中访谈对象的人数分类

根据一次访谈中访谈对象的人数不同可分为个别访谈和集体访谈。

（1）个别访谈。个别访谈是访谈者一次只对一个访谈对象进行访谈的一种调查方式。因为访谈者一次只与一个访谈对象单独进行谈话，有利于两者之间的沟通，方式比较灵活，实用性强，对某些敏感性话题的谈话也能达到一定的深度，但是访谈效率较低。个别访谈经常用于个案研究或对一些敏感性话题的调查。

（2）集体访谈。集体访谈是访谈者在一次访谈中针对多个访谈对象的访谈，也称"调查会"或"座谈会"。集体访谈的访谈对象比较多，所以其优点是有利于减轻访谈对象的心理压力，访谈对象在互相启发影响下能畅所欲言；有利于对问题的深入思考，调查研究的效率比较高。缺点是难以充分征询每个访谈对象的意见，访谈结果的代表性值得考虑，并且对敏感性话题难以展开深入调查，对访谈者的要求比较高，所以集体访谈的研究对象必须是与研究有关的人员；在访谈中要消除消极影响，确保大家畅所欲言；访谈对象的选择作为样本必须具有代表性；参会人数一般以 7～12 人为宜。

4. 根据对话的方式不同分类

根据对话的方式不同可分为面谈、笔谈和电话访谈。

（1）面谈。面谈就是访谈者和访谈对象面对面的访谈。面对面的访谈虽然可以是小组会谈或座谈，但多数形式呈现为两个人之间的深度会谈。如果访谈的目的是要从某个人的"口述"中获得整个历史事件的真相，这种研究方式也称为"口述史"研究。访谈的质量取决于访谈者的访谈技巧[①]。

面谈的优点是可以随机应变，深入交谈，获取更多的信息。缺点是容易受访谈者态度和方式的影响。

（2）笔谈。笔谈可以是用"笔""纸"的交谈（如写信），也可以是"无纸化"的"电子网络"的交谈。也有研究者将教师的"写信"作为"教师成为研究者"的一个重要方法。笔谈往往是两三个人围绕某个主题展开一场书面的对话（如在 QQ 群中针对某个主题进行的谈话）[②]。

笔谈最大的优点是可以让访谈对象安静地、系统地自我思考，而且笔谈的信息本身已经形成文字，易于收集分析。但是笔谈也要根据话题来选择使用，因为研究对象对某些问题经过思考之后可能会用理性思维来描述，并非其内心的真实想法，这会导致调查信息的失真。

（3）电话访谈。电话访谈，顾名思义就是通过电话进行的访谈。随着电话的使用越来越广泛，电话访谈的使用也逐渐增多。

---

①②　刘良华. 教育研究方法专题与案例 ［M］. 北京：华东师范大学出版社，2007.

电话访谈的优点：①不受交通的限制；②不受现场情境的干扰（由于声音具有微妙地传递信息的功能，为了避免研究对象受到消极影响，在使用该访谈时，访谈者也要注意态度、语气，甚至身体语言）；③节省时间，可以从更大范围的总体中抽出访谈对象；④可以消除某些因陌生人到访而不安的情况；⑤对于某些职位比较高的人或者与访谈者有一定距离的人，电话访谈比面对面访谈更容易些。

电话访谈的缺点：①访谈时间短，一般电话访谈超过 25 分钟，访谈对象就会感觉比较厌烦；②电话访谈易被拒绝。

其中最常用的还是面谈，不过有些话题可能不便直接交谈，或者有些话题需要访谈对象进行比较长时间的、冷静的思考。这时，笔谈或电话访谈就可能成为比较合适的访谈方式。

第三节　行动研究法

一、　行动研究概述

行动研究作为一个专业术语、一种研究类型，是 20 世纪 40 年代在美国的社会科学研究中开始出现的，20 世纪 50 年代它被应用于教育研究之中，20 世纪 70 年代以来已受到越来越多教育研究工作者的欢迎。目前，也已成为广大教育技术实践工作者从事教育技术研究的主要方法。

"行动研究"是第二次世界大战时期美国社会工作者约翰·柯立尔（Coller. J）、著名社会心理学家勒温（Lewin. K）等人在对传统社会科学研究的反思中提出来的。那时，在一般科研工作者看来，"行动"与"研究"是由不同的人从事的不同性质的活动，前者指实际工作者的实践活动，后者指受到专门训练的研究者的专业探究活动，两者并不相干。而柯立尔、勒温在各自的研究工作中发现：社会科学研究者如果仅凭个人兴趣开展科研，仅仅是为"出书"做研究，那么其研究工作就不足以满足社会实践的需要；而实际工作者如果不研究自己所处的环境和面临的问题，又得不到研究者的帮助，仅凭一腔"热情"，则无法采取"有条理有成效的行动"。为了改变这一现状，他们提出了一条社会科学研究的新思路、新方法，即从实际工作需要中寻找课题，在实际工作过程中进行研究，由实际工作者与研究者共同参与，使研究成果为实际工作者理解、掌握和应用，达到解决实际问题，改变社会行为的目的，做到"没有无行动的研究，也没有无研究的行动"。这种理念可以看作"行动研究"定义的雏形。此后，许多学者曾对行动研究下过不同的定义，并从不同的角度出发做了阐述。

考瑞（Corey，1953）在出版的《改进学校实践的行动研究》一书中，第一次系统地将行动研究定义引入教育领域，使行动研究法很快影响到教育实践。他提出，所有教育上的研究工作，应由应用研究成果的人来担任，其研究结果才不致浪费；同时，只有教师、学生、辅导人员、行政人员及家长、支持者能不断检讨学校措施，学校才能适应现代生活之要求。故此等人员必须个别或集体地采取积极态度，运用其创造性思考，指出应该改变之措施，并勇敢地加以试验，且须讲求方法，系统地搜集证据，以决定新措施之价值。这种方法就是行动研究法。

英国的埃里奥特（J. Elliott）教授认为："行动研究旨在提供社会具体情境中的行动质量，是对该社会情境的研究。"

行动研究广泛被接受的观点之一为学者卡尔与凯米斯（Carr and Kemmis，1986）所界定的定义，即行动研究是在社会情境中（包括教育情境）自我反省探究的一种形式，参与者包括教师、学生、校长等人；其目的在于促发社会的或教育实践的合理性及正义性，增强研究者对实践工作的了解，使情境（或组织内）之实践工作能够付诸实施而有成效。

（一）行动研究的内涵

尽管许多学者对行动研究下的定义不同，而且从不同的角度出发做了阐述，但其中有许多内涵却是相通的。如行动研究是解决实际问题的方法、行动研究是将研究人员与实践者结合起来的方法等。所以综合各家所言，行动研究的基本内涵是：由与问题有关的所有人员共同参与研究和实践，对问题情景进行全程干预，并在此实践活动中找到有关理论依据及解决问题的研究方法。

行动研究旨在提高社会具体情境中的行动质量，是对该社会情境的研究，是一种适合于广大教育实际工作者的研究方法。它既是一种方法技术，也是一种新的科研理念、研究类型。行动研究是根据实际工作的需要，从中寻找研究课题，实际工作者与研究者共同参与到研究中，在实践工作中寻找课题解决方案，使研究成果为实际工作者理解、掌握和应用，从而达到解决问题，改变社会行为的目的的研究方法。从研究主体看，行动研究法的主体是教育实践工作者，这可以是教师个体，但更应该是合作状态的教师群体。从研究主题的来源看，行动研究法要研究的问题多来自教育实践，可以是课堂教学问题，也可以是德育问题；可以是学生群体问题，也可以是学生个体问题；可以是发展性问题，也可以是矫治性问题。从研究方法看，行动研究法也是一种系统研究方法，而不仅仅是教师的自我反思。它也需要科学的研究方案和详细的研究计划，只是方案和计划会随着研究进程的发展和变化而做出适当、及时的调整。从研究目的看，行动研究法并不是创设一种理论或者验证一种理论，它的直接目的是要通过研究改进教育实践，解决教育实际问题。

（二）行动研究的特点

1. 研究的目的——以解决实践中遇到的问题为主

行动研究是为行动而研究，以解决实际问题为主要任务，为实践本身的改善而展开研究，而不是理论上的建构，通过行动与研究的结合，通过实践行动来改善工作情境中所面临的问题，关注问题的圆满解决，进而改善实践工作情境。行动研究强调研究的应用价值性，此价值性旨在改善实践工作者之工作情境，解决实践工作中的问题。

行动研究所关注的是社会实践中的独特问题、独特事件，对这些事件在社会情境中的独特表现、相关原因进行分析、阐释，展示丰富多样的个性，使实践者了解到他的行动意味着什么，可能会碰到哪些问题；他随时会受到真实的社会环境中各种因素的影响，需要根据实际情况的变化不断修改调整研究方法，甚至更改研究的课题，具有一定程度的灵活性和开放性。

行动研究的根本目的不是理论的发现以及推广普及，而是为了实践本身的改进。它把解决问题放在第一位，强调问题来自实践中，在实践中解决问题。行动研究强调解决问题的实践者必须意识到其所进行研究的重要性，这种研究的动力来自实践者本人。通过实践者的研究和对自己实际工作的反思，不断提高行动质量，改进实际工作。

行动研究不是解决"可能条件和可能结果之间的关系问题"或为了充实和健全学科体系，即所谓"增加科学知识的组织体系"的研究，而是一种通过对具体问题和情景的多视角、多层次的观察和分析，综合应用众多学科的知识、方法和技术，并以"科学地发现事实""解释事实"为基础，以解决问题为目标的"诊断性"研究。

在教育研究技术领域中，行动研究关注的不是某种理论研究者认定的"理论问题"，而是教育研究技术决策者、学校教学管理者和教师们日常遇到和亟待解决的"实践问题"，所以行动研究不局限于某一学科的主张或某一理论知识，而应主动容纳和利用各种有利于解决实践问题和提高行动质量的经验、知识、方法、技术和理论。特别重视实践者、实际工作者对实践和实际问题的认识、感受和经验。

行动研究把解决问题放在第一位，并不等于行动研究无助于也不关心"一般知识"和"理论"的发现产生。它只是更强调从具体、特殊到一般和普遍；更强调已有的理论和知识；更强调渗透在行动计划中的经验和理论都必须接受实践的检验、修正、补充甚至佐证；更强调知识和理论还是来源于实践，并在实践中体现其有效性和真理性。行动研究的目的不在于理论的发展，也不在于普遍的应用，而在于当时当地情境的改善，是为了解决本校、本班的某一问题。如怎样选择合适的多媒体教学软件、提高某一学科课堂教学的质量和效率等。这些问题具有一定的针对性和特殊性，能及时满足教育研究技术实践活动中教师寻求困难解决办法的需要。

2. 研究的情境——当事人实践工作情境

行动研究旨在解决研究者所处工作情境中所遇到的问题，它以行动者的实践情境为依据进行研究。情境适合的范围较小，与研究者工作无关之情境通常不在行动研究范围之内。由于研究情境有其特定性，因而行动研究结果不宜作为情境推论。

3. 研究的主体——实践工作者

行动研究之研究者即实践工作者，实践工作者即研究的主体，也是被研究的客体，但以研究主体为主。行动研究强调实践工作者要实际参与研究工作，亲身投入研究过程，因而实践工作者须具备专业素养与工作热忱。在传统意义上的社会科学研究中，实践者是被研究者，是研究的客体或对象，而在行动研究中，他们成了研究的主体，不是被动地接受局外人的研究，而是主动地对自己所从事的实践进行研究，通过研究与行动的密切配合，提高自己改造社会实践的能力。

学术研究中，多数研究参与者并非是研究应用者。其理论取向重于实用取向，造成理论与实践应用的分离。行动研究之实践工作者不仅是研究参与者，同时也是研究应用者，其目的在于改善实践工作情境，解决实践工作问题，因而行动研究可有效缩小学术理论与实践应用间的差距，将实践工作者、研究者和研究应用者结合为一。

4. 研究的过程——重视协同合作

行动研究不是在实验室里进行的实验，它是在实践过程中进行研究。因此，行动研究是研究者与实际行动者共同参与协同合作的研究过程。行动研究中，由于研究参与者即未来研究成果的应用者，为有效控制研究效度问题，研究过程应以协同合作为主；协同合作研究重视的是成员间伙伴的平等关系，而非成员间的上下等级关系。行动研究强调协同合作研究之间分工合作、经验分享、思维碰撞、共同做决定与分享成果等。此外，专家学者亦是实践工作者合作伙伴，专家学者是作为从旁协助的辅导角色，主要处于咨询顾问的地位，实践工作者才是主要的研究者。在行动研究中，实际行动者有行动的目的、责任，能够体察实践活动、背景以及有关现象的种种变化，能够通过实践检验理论、方案、计划的有效性和现实性。行动的效率、实际工作的成败不仅取决于行为，还取决于实践者对方案、环境和行动的理解。因此，行动的实践者要通过观察和行动记录，有计划地干预某些行为的改变，并且不断对自己的行为进行系统的反思，通过与专业研究人员或其他合作者的交流，加深对自己、对自己实践的理解。在实践过程中，一些实际问题发展成为研究课题，研究者和实际工作者应该深入问题发生的实际环境中去进行研究。行动研究的研究者，在实践过程中，必须深入实际，参与实际工作。研究人员的参与，意味着他们从"局外人"转变为"参与者"，从只对"发现知识"感兴趣转变为负起解决实际问题的责任。研究人员的参与也可以使他们更深入地观察行动者和行动过程，并用实际工作者能理解的语言把共同研究的成果表述出来，以便实际工作者改进他们的行动和工作。这样，行动研究就以共同参与和相互促进的方式在研究人员和实际工作者之间架起了桥梁，也缩短了理论研究与实践活动、研究成果与实际应用之间的距离，使实际工作过程变成一个协作研究过程，也使研究过程变成一个实践促进理论的工作过程。这样一来，行动研究就在解决问题的过程中为研究者和行动实践者提供了结合点，或者说一个协同活动的行动空间。

5. 问题的解决——立即应用性

行动研究与一般研究不同，行动研究重视研究结果的应用性，实践工作者通过行动研究可有效解决实践问题，改善实践工作情境，提高工作效率与工作效能。借由行动研究，可提供某一工作情境中，改进实践工作情境的方法与策略。行动研究重视的是研究的实用价值性，强调研究结果的即时应用而非学术理论的验证或建立。

6. 结果的推论——情境特定性

行动研究具有情境特定性，行动研究并不是要从事大量的研究，它的样本是以特定对象为主，不必具有普遍的代表性。每个行动研究方案，不管方案规模大小，都有自己的特点。行动研究之情境特定性不同于一般研究之普遍代表性、情境类推性。行动研究以特定实践问题为主，实践问题的解决有其特定的适用情境；行动研究以小样本为范围，而以实践工作者所在情境的人、群体、组织为研究对象，因不重视取样代表性，研究结果无法类推至其他的实践情境。

7. 研究的效益——解决问题与促进个人专业成长

行动研究鼓励实践工作者扮演研究者角色，透过辩证批判探究，解决工作情境中的实践问题。就动机而言，实践工作者从事行动研究，缘于本身愿意投入实践情境品质的改善，具有解决实际问题的意愿。行动研究者所从事的研究即为一种促进个人专业发展的活动。行动研究乃是要实践工作者从实际工作情境出发，带着改善工作情境的目标，扩展自我的视野与角色，对自己的实践工作随时做批判式的反省思考。

8. 研究的理论基础——人的发展，自我反思、自我教育

行动研究本质上是追求更为合理的教育技术教学实践的过程，旨在使教师获得一种内在启发和解放的力量，打开新的思考维度和新的探询方向，增强实践能力和自我超越的能力。如此，行动研究就超越了传统意义上对

"研究"功能的界定——真理知识的获得，而成为"人的发展"的一个过程，一个自我反思、自我教育技术提高的过程。

9. 研究的方法——兼用量与质的方法，偏向质的研究

行动研究虽然也不排斥量的研究方法，但多数以质的研究方法为主，在资料的验证上常采用多种方法以搜集资料。行动研究过程，量或质的研究方法均可采用，但多数情境中，以质的研究方法为主。

综合上述，有学者把行动研究归纳为三项主要特征：为行动而研究，在行动中研究，由行动者研究。

（1）为行动而研究。为行动而研究指出了行动研究的目的。研究的目的不是为构建系统的学术理论，而是要解决实际工作者在所处的情境中遇到的问题。研究目的具有实用性，问题的解决具有即时性。

（2）在行动中研究。在行动中研究指出了研究的情境和研究的方式。行动研究的环境就是实际工作者所在的工作情境，并非经过特别安排的或控制的场景。行动研究的研究过程，即实际工作者解决问题的过程，是一种行动的表现，也是实际工作者学会反省、问题探究与问题解决能力的过程。

（3）由行动者研究。由行动者研究指出了行动研究的主体是实际工作者，而不是外来的专家学者。专家学者参与研究所扮演的角色是提供意见与咨询的协作者，而不是研究的主体。

（三）行动研究与实验研究的比较

由于行动研究具有上述特点，因此它与实验研究有着明显的差别：实验研究侧重于认识，是通过科学的方法达到检验假设、发展理论的目的。当然，它已经通过对实践的主动的、有控制的变革来达到认识的目的。行动研究侧重于实践，以教师为主体，强调某一特定问题的解决，把解决实际问题放在第一位。当然，这并不是说它无助于理论的形成。实验研究是正规性的，行动研究常常被看作"非正规性"的。它们在研究目的、问题的产生，假设的形成、取样、统计分析和结果的应用上有诸多的不同。

二、 行动研究的类型及意义

广大高校教师习惯于将自己的研究称作"教改实验"，但他们对实验的方法及运用并不熟练，也不像一些理论研究工作者那样重视理论建设和实验控制，而更多的是从自身教育技术教学中的问题出发开展研究活动，希望借此来改善实践活动。从严格意义上来说，他们所进行的大部分研究都是行动研究，也有人称为"试验"，或者是"行动研究中的试验"。可以说，行动研究正在成为我国广大教育技术实践工作者从事教育技术教学的主要研究方式。

（一） 行动研究的类型

行动研究内部有比较丰富的方法类型，可以从研究的侧重点、研究的发展历程、参与者的反映以及参与者的不同类型几个角度对行动研究进行分类。

1. 按照侧重点分类

按照研究的侧重点分类，行动研究可以归纳为如下 3 种类型：

（1）行动者用科学的方法对自己的行动进行的研究。这种类型强调使用测量、统计等科学的方法来验证有关的理论假设，结合自己实践中的问题进行研究。它可以是一种小规模的实验研究，也可以是较大规模的验证性调查。

（2）行动者为解决自己实践中的问题而进行的研究。这种类型使用的不仅仅是统计数据等科学的研究手段，而且包括参与者个人的资料，如日记、谈话录音、照片等。研究的目的是解决实践中行动者面临的问题，而不是为了建立理论。

（3）行动者对自己的实践进行批判性反思。这种类型强调以理论的批判和意识的启蒙来引起和改进行动，实践者在研究中通过自我反思追求自由、自主和解放。

以上 3 种类型分别强调的是行动研究的不同侧面。第一种类型强调的是行动研究的科学性；第二种类型强调的是行动研究对社会实践的改进功能；第三种类型强调的是行动研究的批判性。虽然这些类型强调的方面各有侧重点，但在实际研究中，研究者有可能同时结合这 3 种类型的特征。

2. 按照内部的发展历程分类

从每一个行动研究内部的发展历程来看，行动研究还可以进一步分成如下 4 种类型：

（1）试验型。以科学的方法探讨社会问题，由研究引发的行动改变被认为是理性的活动，可以被规划和被控制。这种类型追求研究的科学性和理性特征。

（2）组织型。将行动研究应用于对组织问题的解决，其核心在于创造富有生产力的工作关系。研究者与参与者共同确定问题，寻找可能导致问题的原因以及可行的改变措施，研究是一个相互合作的过程。这个类型与上面的第二种类型也有相似之处，它们都强调研究对社会现实的改造功能。

（3）专业型。行动研究植根于实际的社会机构之中，目的是促进和形成新的职业，如护理、社会工作、教育等；通过研究发展这些专业人员的社会实践活动能力，对自己的价值观念进行反思，设法改变自己早已熟悉的行为实践。

（4）赋加权力型。这种研究与社区发展紧密相关，以反压迫的姿态为社会中的弱势群体摇旗呐喊。研究的目的是结合理论和实际解决遇到的具体问题，研究者协助参与者确认研究的问题，提高彼此相互合作的共识。这个类型强调研究的批判功能。

这 4 个类型如一个光谱的连续体，从实验型研究到赋加权力型研究，由理性的社会管理到结构的改变，然后向社会的冲突逐步演进。一个研究项目可能随着阶段的不同从某一个形态转移到另外一个形态，也可能如同一个螺旋体，在不同的形态中循环往返。

3. 从对行动的反思分类

从参与对自己的行动所做的反思来看，行动研究还可以分成如下 3 类：

（1）内隐式"行动中认识"。通常实践者对自己的实践知识及其来源缺乏意识，无法清楚地用语言说出来。他们无法将自己的思考和行动分开，"知道的比能说的要多"。例如，在例行式实验行动中，一个专业的"行家"（如成功的教师）比"非行家"（如不成功的教师）在界定和解决问题时所运用的词语来得精练。

（2）"行动中反思"。当一个人在行动中进行反思时，他就成了实践脉络中的一位研究者。这种研究者不是依靠现存的理论或技巧来处理问题，而是针对一个独特的情形来思考问题。他将目标和手段视为一种相互建构的关系，根据彼此之间的需要进行相互的调整。他的思考不会脱离实践事物，所有的决定都一定会转化为行动，在行动中推进自己对事物的探究。

（3）"对行动进行反思"。在这种类型的研究中，参与者明白地用口语建构或形成知识，把自己抽离出行动，对自己的行动进行反思。虽然这么做减缓了参与者行动的速度，干扰了他们例行式行为的流畅性，但催化了他们对自己行动的细微分析，有利于他们规划变革。将自己的实践性知识语言化，不仅可以帮助参与者应付更加复杂的社会问题，而且可以帮助他们与其他人以及自己的学生（学徒）进行沟通，从而使知识得以传承。

4. 按照参与研究的成分分类

由于参与研究的成员成分不同，行动研究还可以有如下 3 种模式：

（1）合作模式。在这种研究中，专家（或传统意义上的"研究者"）与实际工作者一起合作，共同进行研究。研究的问题是由专家和实际工作者一起协商提出，研究结果的评价标准和评价方法也是由双方共同提出。

（2）支持模式。在这种类型中，研究的动力来自实际工作者，他们自己提出并选择需要研究的问题，自己决定行动的方案，专家则作为咨询者协助实际工作者形成理论假设，计划具体的行动以及评价行动的过程和结果。

（3）独立模式。在这种类型中，实际工作者独立进行研究，不需要专家的帮助和指导。他们摆脱了传统的研究理论和实践规范的限制，对自己的研究进行批判性的思考，并且采取相应的行动对社会现实进行改造。

（二）行动研究的意义

传统的教育试验研究是对假设的肯定或者否定的探求和验证，对实验人员的要求非常严格，研究过程严密，实验条件严密，一般的教育工作者没有条件承担，而它的整个实验过程封闭，无法根据实际情况进行调整，容易与学校的教学实际情况相脱离，一旦脱离教育现实，很可能会造成教育实验的结果毫无实际意义。

1. 行动研究有利于提高教育工作行政管理的效能

将行动研究用于学校的行政管理，可以提高学校行政管理的效能。学校行政管理工作繁杂，用行动研究确定学校短期内的工作中心，让教师与行政管理人员进行有效的协商，获取足够的反馈信息，通过对规章制度的合理制定、修改及调整，可以有效避免由于官僚主义所造成的损失，提高工作效率。

2. 行动研究有助于学校的教学改革活动

学校要进行教学改革，教师便成了改革的行动主力。但是，许多教育研究方法都要求教师必须具有很高的理论研究水平，对于实验条件也需要严格控制，加之教师的工作量繁重，因此，要求许多教师参与这样的教学改革实验是非常困难的。但是，行动研究不需要教师掌握高深的理论，实验条件也不需要严格控制，因此教师具有参加研究的积极性，在实际工作中解决需要解决的问题，再加上专家的理论指导，学校教师就可以很好地参与教学改革中来，有利于推动学校的教育改革活动。

3. 行动研究可以促进教师的专业发展

传统意义上来说，教师专业活动的内容大多是围绕教学内容展开的，教学、授业、解惑，教师的工作成为了"手工业似的职业"，专业发展受到阻碍，专业无法提高。实际上现在的教育技术不应该简化为单纯的技术操作过程，教师应该更好地提高专业水平，而不仅仅是一个技术操作工人。教师除了理解教学内容，掌握必要的教学技能之外，更加需要具有有扩展性的专业特性。它的内容包括：对自己的教学实践提出质疑并且进一步探讨和检验；提高自己的教学实践信念和技能；在实践中对教学理论做进一步发展，愿意接受其他教师或研究人员来观察其教学实践过程。行动研究强调一线教师参与研究，在研究中提高教师的教育理论水平，教师可以运用在研究中所学的理论知识对自身的实践经验做出多层次、多角度的分析和反省，找到改进的方法并且运用到实际的教育工作中，以不断提高自身素质，提高工作水平和教学质量。

4. 可以给师范生提供大量实际工作经验案例

对于教师来说，会有许多实际工作问题，通过借鉴其他教师解决问题的丰富经验，可以少走弯路，很快成为有经验的教师。

第四节　个案研究法

个案研究一词最初来源于医学，主要应用于研究病人的案例，之后陆续应用于心理学、社会学、工商管理及教育学等研究中。自19世纪末以来，个案研究法因针对性强、易于操作且行之有效等特点而受到广大教育研究者的青睐，常被用于探讨具体的教育现象、帮助特殊的个体解决其在教育与发展过程中的特殊问题。在社会科学研究方法中，个案研究法是被最早发现、最常使用的方法之一。①

一、 个案研究法概述

个案是对某种真实情况的描述，通常以文字记录的形式出现。个案所描述的事实或事件必须是真实存在的，并非想象或者杜撰出来的，并且描述忠实于原事实或事件，立场中立，不包含主观的价值评论，因此个案是人们思考、判断和采取正确行动的基础。罗伯（Rober）认为，个案是一个封闭系统，是由一系列相关元素组成的有机整体，是由各个部分组成并且在自身的环境中运作的完整事件。用"封闭"这个词来限制是为了强调研究者应该确定个案中事件或事实的范围，即个案是什么以及不是什么。

个案可以是一个学习障碍儿童、语言艺术教室、学校或国家项目等。有些研究者认为个案不仅包括身份明确的实体（如一个小组、个人、一间教室或组织），也包括事件（如校园抗议事件）、活动（如学习打篮球）或过程（如教学的第一年里如何成为一名专业教师）。个案研究是以一个整体的社会单位为对象，如一个人、家庭、社会团体、社区等。这个对象一定要具有代表性，使研究者可以通过对选定个案进行详细的数据收集与分析来获得有价值的结论。如一个患有艾滋病的个体，从研究的意义上来说，构成"个案"。研究者还需要对这个患者进行几年的了解，讨论患者应对问题的经验。此外，个案还可以是很多事情或事物，但是它们应该有一致性，它们的结合可以为研究探寻提供一个清晰的焦点。② 因此，如果要设计一个关于"应对慢性疾病的家庭以及其所需要的技术支持"的个案，同时调查

---

① 谢春风，时俊卿. 新课程下的教育研究方法与策略 [M]. 北京：首都师范大学出版社，2004.

② ROSENBERG J, YATES P. Schematic representation of case study research designs [J]. Journal of Advanced Nursing, 2007 (4): 447-452.

几个家庭会更有利于研究的开展。

（一） 个案研究法的含义

个案研究法是教育研究中一种常用的质性研究方法，是指采用各种方法通过广泛系统地收集有关单一典型研究对象的资料，了解研究对象发展变化的某些线索和特点。在此基础之上，设计与实施一些积极的教育措施以促进其发展，然后对这些条件、措施与结果之间的联系进行深入系统的分析、解释，将其结论推广到对同类的人和事的发展变化的认识上去。

（二） 个案研究法的应用范围

个案研究法的应用范围很广，如医生对病人所做的诊断与治疗、心理咨询者对问题行为者的咨询和辅导、学校教师对学生特殊行为的矫正、司法机关对刑事案件的审理等。在教育研究中，个案研究往往适用于对不良问题的研究或对某些难以重复、预测和控制的事例进行研究，如学生辍学、学业失败、家庭破裂、道德不良、青少年犯罪等。同时也适用于对学生的心理问题和人格偏差的诊断研究和行为矫正研究①。

在教育实践中，总会有一些学习困难或行为偏差的学生，对他们采用常规的教学方法往往难以奏效，因此需要对其进行全面而深入的研究，给予特别的处理。在学校教育研究中，个案研究由于研究对象少，研究规模较小，在自然状态下进行需要较长时间的跟踪，因此特别适用于一线教师使用。教师通过客观有效地收集与学生有关的资料，了解学生的问题症结所在，细心深入分析形成问题的原因，然后有针对性地提出矫正方案或提出正确的指导策略，帮助学生成功解决问题。通过这种方法，教师的教育教学经验可得到进一步的丰富，此后遇到类似问题时，教师也可以把这些策略适当应用于其中。

---

① 郑金洲，陶保平，孔企平. 学校教育研究方法［M］. 北京：教育研究出版社，2003.

(三) 个案研究法的类型

按照研究对象的不同，可以把个案研究分为个人个案研究、团体个案研究和事件个案研究。

1. 个人个案研究

个人个案研究是指以单个特殊的个体为研究对象，在教育研究中主要是指对某个学生或教师所进行的研究。

2. 团体个案研究

团体个案研究是以某一个团体为研究对象。这里的团体既包括有组织的正式团体，如一所学校、一个年级、一个班级等；也包括自发组成的非正式团体，如学校中的各种兴趣小组、协会、学术沙龙等。

3. 事件个案研究

事件个案研究是指以特殊事件为研究对象的个案研究。

个案研究按不同的分类标准还可以分为其他不同的类型。如按内容、适用范围及其目的来分类，可分为诊断性研究、指导性研究和探索性研究。也有些学者根据个案研究的目的将其分为两类：一类是指通过个案的调查与分析来认识个案的现状或发展变化的进程，这就是常说的"解剖麻雀"的方法；另一类是以对个案的了解和认识为基础，尝试一些积极的教育措施，以促进个案的发展，从而认识措施与发展之间的因果关系，这类研究侧重于探究一般经验，类似平常的"试点"。[①]

(四) 个案研究的目的

个案研究的目的各不相同。乔伊斯（Joyce P. Gall）和沃特尔（Walter R. Borg）认为研究者进行个案研究是为了描述、解释和评价特定的社会现象。具体到教育研究领域来说，表现如下：

---

① 孙菊如，周新雅，等．学校教育研究［M］．北京：北京大学出版社，2007.

1. 描述

在许多个案研究中，研究者的主要目的是要清楚地描绘并概念化某种教育现象。这些个案研究通常对现象进行深描，即对情境和环境进行再现式的一系列陈述，通过这些陈述，读者能够认识到该情境中固有的意义和意图。"深描"这一术语源于人类学，指的是对文化现象进行全面的、如实的描述，现在该术语被广泛应用于质性研究。

2. 解释

某些个案研究的目的是解释某种特定的现象。研究者试图从某些个案中寻找某种模式。例如，研究者可以观察到在国外学校任教的美国教师在以下两方面存在差异：①对所在学校教学的看法不同；②对当地文化的看法不同。如果研究者发现教师们对教学的看法和对当地文化的看法之间有联系，那么就可以说发现了这种模式。如果一个事物变化会引起另一个事物变化，这就称为因果模式。如果原因一方不能确定，那就称为关系模式。

3. 评价

一些个案研究的目的主要是对教育现象进行评价诊断。个案研究者形成了好几种评价方法，如应答评价、教育鉴赏和批评等。无论哪种方法，研究者都要对某些特定现象进行个案研究，并对这些现象做出评价。例如，拉里·库班（Larry Cuban）（1997）进行的历史个案研究的标题就反映了对该个案的评价："没有改革的变革：1908—1990 斯坦福大学医学院个案"。

还有些研究者认为某些研究是以探索为目的的。探索性个案研究是对研究对象做一个初步的、粗略的了解，获得初步印象和感性认识，为今后的深入研究提供基础和方向。这类研究常用于大型研究的准备阶段，研究的结果一般只是实验性的、暂时性的。①

---

① 李强，覃壮才. 教育研究方法教程［M］. 北京：北京理工大学出版社，2009.

（五） 个案研究法的特点

1. 研究对象的单一性与典型性

进行个案研究通常是为了解研究者所感兴趣的现象，比如离异家庭孩子的学习、教学科目、课程、教师的作用等这样的教育现象。由于每个现象都有许多方面，所以研究者必须选择一个重点进行研究。研究重点就是资料的收集和分析，应集中围绕现象的某个或某些方面。因此研究对象的选择往往是单一的。个案研究的研究对象虽然是单一的、个别的，但并不是完全孤立的个体，而是与其他个体相联系的具有典型性的个体。目的是通过对这一个别现象的研究，在一定程度上反映与其同类的其他个体和整体的某些特征和规律。因此，个案研究的研究对象通常是研究者感兴趣且具有研究价值的单一的人、团体或事件，如天才儿童、残障儿童等。

2. 研究方法的综合性与多样性

个案研究收集资料的方法是多种多样的，研究手段是综合的。为了收集到更多的个案资料，研究者要从多个角度把握研究对象的发展变化。因此，研究中常常综合使用访谈法、观察法、实验法、文献法等多种方法。也只有这样，研究者才能比较全面、系统地考察研究对象的特点及发展变化的过程和规律，从而得出比较科学的结论。例如，对一个学业失败儿童进行的研究，首先要对被试儿童进行智力测验，看其智力是否是影响其学业失败的原因；其次要对被试儿童进行系统观察，查找其学习生活中影响其学业失败的原因；同时还要对其家庭生长环境进行调查，必要时还要做一些对照实验。

3. 研究内容的深入性与全面性

由于个案研究需要大量收集个案的有关资料，而且为了提高研究结果的可信度需要不断对研究现象进行重复观察。因此，个案研究的研究周期一般比较长，研究的内容深入全面。需要对个案进行连续的跟踪研究，研究的内容既要涉及个案的现状，也要涉及个案的过去，还要追踪研究个案的发展，最重要的是要找出问题存在的根本原因。同时由于个案研究的对象单一，所以研究者有较为充裕的时间来进行透彻、深入、全面、系统的分析与研究。

4. 研究目的的针对性和借鉴性

个案研究的主要目的在于通过探究某个特殊个体产生某种特殊状况的原因，进而据此提出有针对性的补救或矫正措施，因材施教，以促进个体获得更好的适应和发展。另外，个案研究的目的还不仅仅局限于解决研究对象的问题，更重要的是把这种个别提升到一般，以个别来指导一般，以起到更大的启发借鉴作用。

5. 研究者代表双重视角

在个案研究中，研究者为了更深入地获取研究对象的有关材料，需要与研究对象进行广泛的接触，试图去理解研究对象所经历的复杂现象。换句话说，研究者必须从参与者的视角来看待现象。[①] 研究对象的视角称为本位视角。通常情况下，研究者通过与研究对象进行非正式谈话和在自然情境下对他们进行实地观察来获得本位视角。同时，研究者还要保持现象调查者的视角，即他位视角，这一视角有助于研究者理解个案的概念和理论意义，有助于他们报告研究成果、丰富相关研究文献。两种视角对研究者的研究科学性有重要意义，研究者必须谨慎对待和协调两者的关系。

（六）　个案研究法在教育中的意义

1. 个案研究有助于实施因材施教

教育教学研究历来重视个体的发展和差异。个案研究的研究对象较少，教师可以通过这种研究方法详细地描述个案特征，全面地掌握个案情况，提出针对性、适应性的教育措施，有助于因材施教，促进学生的全面发展。

2. 个案研究可以促进教育理论的发展

个案研究以个案的具体实例来解释和说明某种抽象的理论和观点，为

---

① 乔伊斯·P. 高尔，M·D. 高尔，沃尔特·R. 博格善，等，译. 教育研究方法：实用指南［M］. 北京：北京大学出版社，2007.

进一步证实理论或假设提供依据。同时，个案研究信息的累积有助于对事物总体的归纳，可以为以后的研究分析、理论概括做好准备。

3. 个案研究可以帮助解决教育实践中的问题

个案研究可以验证某一种治疗方案或辅导策略的可行性和有效性，为解决某类问题提供可操作性的策略与步骤。另外，个案研究在可能的情况下，试图将个案的研究结论适度地推广到更大的同类群体中去，发现和描述个体或事件的总趋势，为解决同类问题提供借鉴和启发。

4. 个案研究不仅丰富了研究者的教育教学经验，也有助于提高其他教育实践者的教育实践能力

个案研究不仅解决了研究者教育教学中的实际问题，而且丰富了其教育教学经验。对于教育实践者来说，个案研究类似文学作品中的故事或新闻报道中对"逸闻趣事"的叙述，因为它们反映的是研究对象所经历的真实现实。通过阅读与自己在教育中的经历相似或不同的个案来加深、丰富教育经验。尽管个案研究一般不明确指出怎么做更好，但是研究者对事物的深刻见解和思考有助于提高教师探索和改进教育实践的能力。

二、 个案研究的基本步骤与具体操作

（一） 选择研究对象

迈克尔·巴顿（Michael Patton）把个案研究者选择个案的步骤描述为目的抽样，旨在选取能够提供和研究目的相关的丰富信息的个体。这些个体掌握着重要信息或具有重要观点，对于获取现象的本质、解决问题尤为重要。[①] 能否有效地选择合适的研究对象关系到整个研究的成败和研究价值的大小。研究者应该根据个案研究的目的和内容，以及对个案问题行为的

---

① 乔伊斯·P. 高尔，M·D. 高尔，沃尔特·R. 博格，译. 教育研究方法：实用指南［M］. 北京：北京大学出版社，2007.

界定，选择典型的人或事为研究对象。选取研究对象通常要采用系统的抽样策略来进行。巴顿描述了 15 种目的抽样策略可以作为参考（表 4 - 5）。

表 4 - 5 质性研究中使用的目的抽样策略

抽样策略	选择的个案
重要特征抽样策略	
1. 极端或偏差型个案抽样	（单）表现出高或低两个极端特点的个案
2. 强度抽样	（单）表现的特征强度或高或低但不极端的个案
3. 典型个案抽样	（单）具有一定代表性的个案
4. 最大差异抽样	（多）最大限度覆盖研究现象中各种不同情况的个案
5. 分层抽样	（多）表现出事先确定的不同层次特点的个案
6. 同质个案抽样	（多）内部成分比较相同的个案
7. 目的随机抽样	（多）在可获得总体中经过随机抽样选择的个案
单一特征抽样策略	
8. 关键个案抽样	（单）对检验某个理论、项目或其他现象比较关键的个案
9. 以理论为基础的抽样或操作性概念抽样（theory-based/operational construct）	（单）表现出特定理论构念的个案
10. 相符或不符个案抽样（confirming/disconfirming case）	（单）能够证实或否定以前的研究结果的个案
11. 校标抽样	（单）符合某个重要标准的个案
12. 重要政治个案抽样	（单）比较著名或具有重要政治意义的个案
突发性抽样策略	
13. 随机性抽样策略	（单）由于某种情况事先难以预料，研究者在数据收集过程中根据具体情况选择的个案
14. 滚雪球或链锁式抽样	（单）由他人提供相关丰富信息的个体推荐的个案
无依据抽样策略	
15. 方便抽样	（单）只因为方便找到而选择的个案

以上所有方法都可以用来选择多个个案，第二列开头处标有"（单）"

的只用于选择一个个案。这些方法按抽样依据可分为四类：

第一类抽样策略是重要特征抽样策略，用于选择那些具有研究者想要研究现象的重要特征的个案。如研究者对权力等级为高、中、低的三类教师进行观察，那么该研究选择的抽样策略就为最大差异抽样策略；如果研究者只对权力等级高和权力等级低的教师进行研究，那么该研究策略即为极端个案抽样策略。

第二类是单一特征抽样策略，研究者可根据某个特定依据选择抽样策略。如在进行有关教师权力的个案研究时，为了验证研究结果是否与以前的结果相同，可以使用相符或不相符个案抽样。

第三类突发性抽样策略是根据已经收集的数据来决定选择个案的策略。

第四类抽样策略表明研究者之所以选择某个案主要是考虑自己的方便。如研究者为了研究的方便，从自己工作的学校选择教师进行研究。

（二）　收集个案资料

全面地收集资料是个案研究有效性的重要保证。全面系统的个案资料有助于研究者对个案的完整认识。一般而言，收集的资料应包括 3 个部分的内容：一是对于个案现在情况的描述；二是对于过去有影响力的及连续的发展阶段的记述；三是对于未来的发展趋势的计划及预测。个案资料的大致来源有：①研究对象的个人基本资料，如姓名、性别、出生年月、籍贯。②研究对象的身心健康状况，如身高、体重、病史、性格、气质等。③研究对象的教育资料，如学校有关的记录，学校记录比较规范，又有延续性，易做前后对比。④研究对象的家庭和社会背景资料。家庭和社会背景涉及个案的个人生活史，是个案研究的重要信息源。这方面的资料往往涉及父母的教育程度、职业、社会经济地位、父母的管教方式、家庭与个案的关系、个案在家庭中的地位、所在社区的文化状况、所交的男女朋友等。

个案资料的收集可以采用与研究目的相关的任何方法。一开始可以采用一种方法，随着研究的深入可以转向或增加其他的方法。同时也可以运用多种方法对同一现象的资料进行收集，可增强研究结果的可靠性，这一过程称为"三角验证"。最常用的收集个案资料的方法有以下几种：

1. 观察

研究者可以通过观察研究对象在各种情境中的反应来收集资料。不过，虽然资料的收集越详尽越好，但是也不能漫无限制，观察的范围应该限于研究者认为与研究对象有关的事项。在实地观察研究对象时，有些研究者会对研究对象进行录音或录像，或做大量的记录。有些研究者也试图进行参与式观察，亲自与研究对象进行交流，努力取得他们的信任，与他们产生共鸣，从而加深对现象的理解。

2. 访谈

个案研究中，研究者经常对研究对象及其相关者进行访谈。通常采用的是开放式访谈，以轻松自然的形式进行，受访者可以用自己的语言发表看法，而不是就给定的答案做出选择。如果访谈对象比较多，研究者也可以采用小组焦点访谈的形式进行。另外，研究者也可以拟定访谈提纲进行标准化的访谈。

3. 问卷

当研究者不可能接触到每一位参与者，而且要收集的数据也并非特别针对个人的时候，个案研究者通常采用问卷调查的方法。一份设计好的问卷也能够收集到不少深入的信息。

4. 测验

虽然测验更多地用于定量研究，但是在质性研究中有时也能很好地达到目的。例如，一位研究者曾做过某个案研究，研究一位教师对两个一年级学生的期望与其实际阅读成绩之间的关系。研究者采用定性和定量相结合的方法收集资料。研究者观察该教师对每个孩子的课堂行为期望，并对每个孩子进行了前后两次标准化阅读成绩测试。通过两种方法获得的数据使研究者发现，起初成绩较差、老师对其期望较低的学生，由于老师在其身上花费了更多时间，结果阅读成绩有所提高，而另一个起初成绩较好、老师期望也很高的学生，阅读成绩倒没有多大提高。

5. 文本分析

研究者可以对与研究对象相关的文字资料进行整理分析，包括官方记录和个人文件。虽然从解释主义认识论来讲，文本的意义因读者、时间、情境等的不同而不同，但是只要研究者保持一种客观的态度，并与研究对象做好沟通协调工作，文本的分析结果还是有很大研究价值的。

（三）分析个案资料

即使是一个小型的个案研究，也可能收集到很多的文字资料，这些资料往往比较粗糙、琐碎，难以直接解释问题。研究者如何分析这些资料才能获得重要的有意义的发现呢？需要采用逻辑思维的方式才能对有关资料进行理性的加工。里纳塔·特施（Renata Tesch）（1990）将资料分析的方法分为 3 类：解释性分析、结构化分析和反思性分析。

解释性分析指的是对质性资料进行编码、分类，以确保重要的构念、主题和模式得以显示的一系列步骤。这些步骤可以由 Ethnograph 计算机软件程序完成，也可以由人工完成。具体步骤为：①准备一个包含所有资料（实地笔记、文件、录音文字稿等）的数据库；②把文本的每一行都标上序号，然后把文本按意义划分成各个小部分（如在对访谈资料进行分析时，每个问题加上受访者的回答就可以成为一个部分）；③制定一个有意义的分类对资料进行编码；④对每部分用适合它的类别进行编码；⑤把被某个特定类别编码的所有部分合并起来；⑥从这些类别中寻找出现的构念。马修·迈尔斯（Mattew Miles）和 A. 迈克尔·休伯曼（A. Michael Huberman，1994）建立了个案研究中使用的接触总结表——质性研究者用来总结实地收集和分析资料的步骤的表格，说明了个案研究所特有的数据收集和数据解释是如何结合的（表 4-6），表格共总结了实地接触中的 8 个要点，每一个要点都是按作用主题编码体系进行编码的数据块。

表4－6 接触总结表

接触类型	会面	校长们 谁/哪个群体	Ken 的办公室 地点	1976.4.2 日期	研究地 __西门__
	电话	谁给谁打	地点	日期	编码人 __MM__
	信息	谁给谁	地点	日期	编码日期 1976.4.18

找出每次接触的要点，在本表上标出序号，并注明哪一点在哪一页出现。标好点的内容用书面形式写出来。为每一点标出主题/方面。如果现有的主题不合适的话，建立新主题并在其前注 ＊，也可以在括号里加上评注

页码	要点	主题/方面
1	1. 必须在 4 月 30 日之前做出有关员工的决定	员工
1	2. 教师调动以后不能再教原来的班级	员工/资源管理
2	3. 关于让特殊学生插班的问题，教师们的接受程度不一，有的教师"真让人头痛"	＊抵抗
2	4. Ken 指出上次会议初步制订的教师分配方案走漏了消息（为此内心感到不快）	内部交流
2	5. Ken 说："教师们好像觉得他们自己有权力决定谁将被调动。"	权力分配
2	6. 不言明的决定："做决定是我们的事。"（Ken 说出来的，Ed 表示同意）	权力分配 冲突决定
2	7. 校长们和 Ken，John 和 Walter 一致认为 Epstein 女士是个"悍妇"	＊抱有成见
2	8. Ken 决定事先不告诉老师们调动的事（"因为到时候就既成事实了"）	计划方案/时间管理

结构化分析是分析质性资料的一系列严格的步骤，它不是对资料进行推断，而是发现研究者所研究的话语、文本和事件内在固有的特征。

为了说明固有特征与推断模式之间的区别，可以看看下面一位西班牙老师和一个学生之间的对话片段：

老师：la casa 是什么意思？学生：房子。

老师：对，la casa 是房子的意思。

质性研究者对这一对话进行结构化分析时会注意这一对话的某些特征：

（1）这一教学事件中讲话人的顺序是老师-学生-老师。

（2）老师每次说话，话语中含有的单词数量都比学生的多。

（3）这段对话中有 4 个西班牙语单词。

（4）有 3 个词被说了两遍（la casa，房子），其他 6 个词被说了一遍。这 4 个特征就是资料本身固有的，研究者没有做任何推断。相比之下，如果使用解释性分析对这段话进行分析的话，研究者会把其归为信息反馈。这种分类方式就不是资料所固有的，而是研究者从资料中推断出来的。

结构化分析被用来研究各种各样的民族现象，如儿童故事中事件的顺序、教科书中各部分的组织以及某所学校内的人员异动模式。

反思性分析是指质性研究者主要依赖自己的直觉和个人判断对收集的资料进行分析的过程。个案研究者采用反思性分析时，会对某一现象进行思索，并对其描绘，以显示其外部特征和内在本质，目的是对这一现象进行评价分析，指出其优缺点。在反思性报告中，研究者经常把个案研究的资料组织成一个故事，体裁可以是诗歌、口头汇报、喜剧、视频展示等形式。

另外，从分析的方法上讲，要注意"事实"资料与"意见"资料的区分。个案研究者必须明确哪些是事实资料，哪些是有关的证据，哪些是研究者的推论和价值判断。个案研究中的"事实"资料是涉及个案真实发生的事件，而"意见"资料则涉及主观的感受和价值判断。"事实"资料比较容易被确定，"意见"资料则往往难以判断。研究者必须明确区分两者的不同。具体分辨方法有以下 4 种：[①]

（1）简单判定法。根据研究者自己掌握的知识和经验，对"事实"资

---

① 郑金洲，陶保平，孔企平. 学校教育研究方法［M］. 北京：教育研究出版社，2003.

料或"意见"资料进行主观的定性判断。

（2）逻辑推理法。采用归纳和演绎的方式，从个案基本资料的内容中，推断"事实"与"意义"。

（3）提问澄清法。通过提问方式帮助研究者澄清叙述句的真实性和有效性。如"这个句子是什么意思？""这是真的吗？""还有别的证据吗？"等。

（4）多重证据法。对不同来源或不同方式得来的资料或信息进行比较分析，看是否具有一致性，从而来判断资料的真实性。

具体的分析主要从以下 3 个方面进行：①从主观上分析了解学生的内在动力，如世界观、人生观、价值观与行为及其结果的联系；②从客观上了解学生的教育、社会环境、家庭等与学生的生理、心理以及学生的成长、发展存在哪些适应或不适应的地方，找出这些适应或不适应的矛盾关键之所在；③从个案行为结果等各种现象形成和发展的过程分析了解影响个案的各种因素。[①]

对个案资料进行深入的分析并不是一件容易的工作，必须具有渊博的学识和丰富的经验才能避免错误。因为有时候表面看起来与问题无关的事实，却可能是解决问题最关键的一条线索。而有时候看起来是造成问题困难的一个重要原因，但是深究之后可能发现它只是一种表面现象，还有更深的原因存在。研究者要谨防倒果为因、反宾为主的现象发生。

（四） 实施个案指导

在个案材料分析的基础上，设计一套因材施教的指导方案加以实施。拟定的指导方案应包括以下 3 个方面内容：①指导方案的制订要明确依据研究个体的行为表现，确定通过指导后个体所要达到的目标；②指导方案的具体操作步骤及要求；③结果分析和追踪处理情况。在实施指导方案时，要从营造优良的外部发展条件和引导研究个体积极进行自我调适两方面入

---

① 陈时见．教育研究方法［M］．北京：高等教育出版社，2006．

手，通过有针对性的教育和矫正措施，使研究个体获得更充分的发展。

1. 营造优良的外部发展条件

不适当的外部条件常常是阻碍个体发展、发生行为问题的主要原因之一。着力改善个体发展的外部条件，是对个案进行补救、矫正及发展指导的一项重要内容。这些外部条件主要包括家庭环境、社会环境、人际环境、学校教育环境等。

2. 引导学生积极进行自我调适

内因是事物发展的关键，实施个案研究除了改善外部条件外，更要促使个体的内在心理产生积极的质的变化。如对学生进行心理卫生辅导，以提高其心理健康水平，激发积极的内在动机，发展良好的情绪情感，养成健康的人格，增强自我调适能力等。

（五） 进行追踪研究

对实施个案进行指导之后，并不意味着研究工作已经结束。因为在个案指导的过程中，研究者可能会发现对个案材料的分析并不完善，对个案产生问题的原因诊断并不准确，所实施的指导方案并不切实可行，实施指导后并没有达到理想的效果等。对于这些问题，还需要长期的继续追踪研究才能解决。只有当个案的问题已经解决，困难已经消除，个案研究才算圆满结束，否则就需要继续进行研究，重新检查各个研究环节是否正确，有无遗漏，重新诊断，或重新处理方案。

（六） 撰写研究报告

个案研究报告是个案研究的表现形式，是个案研究中必不可少的环节。通过个案研究报告可以了解个案的基本情况及处理过程，就像医生看病写病历一样，可以为以后的诊断、治疗提供依据。撰写个案研究报告，就是对典型案例的研究工作进行深度的思维、信息加工，进行反思和再提高。[1]

---

① 陈时见. 教育研究方法［M］. 北京：高等教育出版社，2006.

1. 个案研究报告的类型

个案研究报告大致可以分为以下几类：

（1）描述性报告。描述性报告比较详细地叙述个案资料，直接而且比较详细。可以将一些片段并列或者串联，不用转述，而是用收集到的原话，尽可能用客观描述来呈现对个案的解释。但是缺点在于整理报告比较浪费时间，较为琐碎，重心难以把握。

（2）简介性报告。简介性报告就像是一幅个案的速写，着重反映个案的主要特征，不进行详细介绍，比较简洁。报告整理比较简单容易，用时较短，较能显示问题的重心。不过该类报告往往难以获知一些有关个案的详细资料。

（3）分析性报告。分析性报告通常有理有据地对论点进行详细论述，并且还对个案的各种可能现象及推理历程进行说明。分析性报告的目的是呈现个案资料时更加客观科学，但是事实上并不能全然抛弃主观判断的影响。

2. 个案研究报告的基本格式

典型的个案研究报告的格式大致涉及以下几个方面：

（1）基本资料：姓名、性别、年龄、学习程度、籍贯等。

（2）个案来源：别人介绍、自己寻找或者用其他方法找到等。

（3）背景资料：个案与家庭成员之间的关系、个案的学校生活状况、个案的社会关系等以及与之相关人的基本情况。

（4）主要问题的描述。

（5）诊断和分析。

（6）指导策略。

（7）实施指导策略。

（8）实施结果。

（9）跟踪及讨论。

第五节　经验总结法

一、 教育经验总结概述

本书主要围绕教育领域中的经验总结法进行阐述，即教育经验总结法。

（一） 教育经验总结的基本定义

教育经验是指在教育实践中取得的有关教育的知识或技能。一般有两种含义：一是指人们在教育实践中比较零散的初步认识成果，需要经过总结提高，才能上升为理论。二是指前人积累的有关教育的知识和技能，如国内外历史上流传下来的教育经验。所谓经验总结，就是研究者（也可以是实践者）依据一定的价值取向，对某种实践活动进行回溯性的研究，将感性认识上升为理性认识，由局部"经验"发掘其普遍意义，探求事物发展规律的活动。

教育经验总结是在不受控制的自然状态下，依据教育实践所提供的事实，按照科学研究的程序，分析概括教育现象，揭示其内在联系和规律，使之上升到教育理论高度，促进人们由感性认识转化为理性认识的一种教育研究方法。教育经验总结就是一种有目的、有计划的，以发生过的教育事实为依据，通过现场观察、访问和调查来搜集经验性材料，对经验现象进行思维加工，从而获得比较深刻、系统的教育知识的研究活动。

教育经验总结具有以下特征：

（1）新颖性。创新而有效的教育经验是从教育实践中产生和提炼出来的，对当前的教育实践活动具有很强的针对性和指导作用。

（2）普遍性。运用类似方法的实践活动都可以获得成功。

（3）实践性。教育经验都是人们在教育实践中积极探索并力图解决的课题。从教育研究工作本身和高校教育工作实际来看，教育经验总结的积极意义表现在两个方面：一是教育经验总结是丰富和发展教育研究理论的重要途径。如果按科学的方法来总结这些经验，那就必然可以正确地认识教育规律，丰富和发展教育研究理论。二是教育经验总结是提高学校办学、管理水平的可靠保证。

（二） 教育经验总结的特点

1. 研究过程和方法是"回头看"

教育经验总结是对已经掌握的在自然状态下产生的事实、材料、感悟、体验进行"回溯式"研究，即事物发生在前，思考研究在后。因此，事实的性质、范围和影响程度，以及材料掌握的全面性、真实性决定了它的研究过程和研究结论的有效性。

2. 研究的条件是自然状况

教育经验总结不是刻意用事物之间严格的数量关系来揭示事物的本质，而是以观察自然环境中的行为作为直接资料来源，依据揭示完全在自然状况下、已经发生过的事物的特征、发展过程、相关因素、影响机制来认识事物的本质。这种研究同个案研究一样不用人为地操纵变量、验证假设，而实验法和调查法都是研究设计在前，用在人为控制下产生的事实来验证研究的假设，结果的产生需要严格的条件。

3. 研究的结论与研究者的素质密切相关

教育经验总结研究的对象是自然状态下发生的事实，具有人为性与自然性的统一，即从人的主观愿望出发去研究自然状态下的客观现象。所以，研究的结果在很大程度上取决于经验总结者的理论修养水平。不同的研究者对同一个事实过程认识程度不同，总结的深度就不同；不同的研究者对同一个事实过程的研究角度不同，总结的侧重点、研究的结论也不同。

4. 研究的方法易于掌握

教育经验总结不要求实践者刻意操纵各种研究变量，不用严格控制各种相关因素，也不要求研究者具备任何特殊条件，只要愿意研究、有心研究的人都可以运用，所以这种方法易于被广大教育工作者所接受和采纳。

在教育经验中，大量的是一线的教师在实践中获得的第一手资料，有丰富的研究对象；它贴近生活，贴近实际，研究者从感情上也特别愿意总结、推广或借鉴这些经验，愿意使用经验总结法改进自己的工作。

5. 研究的应用灵活多样

教育经验总结既可以单独使用又常与其他的研究方法相配合。除能有效地完成对某个群体或个人、某个时间段内的某项成功的实践经验进行总结外，还常常配合其他方法一起完成研究的过程。

（三） 教育经验总结的性质

1. 教育经验总结是一种科学研究活动

教育经验总结可分为一般性经验总结和科学性经验总结两个层次。一般性经验总结是具体地描述一定的教育实践活动和经验，指出运用这些经验的优越性及其前景；科学性经验总结是指运用科学的方法，对积累的教育经验进行分析概括，深入、全面、系统地揭示经验的实质，使之上升到教育理论的高度，找出别人可以借鉴的规律性的东西。这里所讲的教育经验总结是专指科学性教育经验的总结。

2. 教育经验总结是一种回溯研究

经验总结是在某种实践活动大致告一段落，并且通过这种实践取得的经验已经大体形成之后才进行研究的。所以，科学性教育经验总结是教育研究活动中的回溯性研究，因而与其他科研活动有所不同：第一，它的研究对象是那种具有特定含义的"经验"，而不是一般的自然存在的事物或文献资料。这种研究对象是实践者发挥主观能动作用改造了的客观事物，以及在改造客观事物的同时，实践者自身形成的感性认识和某些未系统化的理性认识。第二，在研究过程中不对研究对象施加某种影响，使之发生某种变化，以求得某种预期结果。而只是科学地认识客观存在的"经验"，即在实践效果已经显示的某种"经验"大体形成之后，才对这些"经验"进行"回溯"研究，从而取得研究成果。第三，经验总结的主要方法是在调查掌握事实的基础上，通过"分析-综合""归纳-演绎"进行思维加工，才使经验上升为理论。运用经验总结法对来自教育实践的感性认识进行回溯研究，从而获得科学的理性结论，概括出新鲜的有价值的经验。

3. 教育经验总结是一种追因研究

如果说实验法是先确定原因（假设），然后考察这些原因导致的结果，那么，经验总结法则是根据已经发生的结果追溯其原因。另外，经验总结法又与观察法所采取的伴随教育发展进程进行直接研究的方法不同，与文献法所采取的借助于教育资料对教育事实进行间接研究的方法也不同。它是根据已经取得的教育成果和基本认识追溯教育过程中各种因素的影响作用，从而进一步揭示教育客观规律的方法。经验总结的出发点是已有经验，而其基础是取得经验的具体教育过程，因此，它既有直接研究的一面，又有间接研究的一面。经验总结是通过"追因"以揭示教育规律的一种研究方法。

（四）教育经验总结的作用及意义

教育经验总结具有悠久的历史，我国古代第一部教育专著《学记》，就是对先秦时期教育实践经验的总结概括而成的。目前，许多教育研究仍然主要依赖归纳方法探寻理论、发现规律。从某种意义上说，教育经验是教育研究的逻辑起点。教育经验总结法的意义与作用可概括如下：

1. 丰富和发展教育理论的重要手段

教育理论和所有的理论一样，不是凭空产生的，是经过多少代人以可验证的方式对教育现象做出系统的解释，总结出有效的经验，再反复经过实践的验证才不断发展起来的。教育理论的水平和对教育实践的指导作用的大小，无不决定于教育实践经验的积累及提炼的水平和层次。教育理论从教育实践中产生，教育实践又能有效地为教育理论的发展服务，这些无不借助于对教育经验的有效总结。因此，教育经验总结就是从感性认识到理性认识的媒介和途径。

2. 教师投身教育研究的便捷方式

随着新课程改革的不断深入，学校领导和教师们的科学研究意识不断增强。认真地进行研究、总结经验和教训、摸索教育规律以改进工作已成为大家的迫切需求。但是由于教育教学任务的繁忙，许多老师没有更多的时间和精力来进行专门的研究和探讨；另外，一些专门的科学研究知识的欠缺，也成为教师们规范地从事教育研究工作的障碍。而教育经验总结法不脱离日常的教育教学工作，对教师的研究能力、研究进行的条件也没有特殊的要求，只要大家有改进工作的愿望，肯于思索，善于分析，就能够不断地发现问题、解决问题，找出规律。因此，教育经验总结法就成为广大一线教师投身教育研究的最直接、最便捷、最适宜的方法之一。

3. 提高教师自身理论水平、研究水平的有效途径

教育经验总结本身就是一种研究活动，在这个过程中，教育工作者要针对某一具体问题学习科学的理论，掌握科学的研究路线和方法；要查阅文献资料；要有意识地搜集积累有关的事实和现象，并对这些事实和现象进行科学的分析和提炼；要审慎地、辩证地看待过去的工作，寻找和发现新的突破点；要通过符合逻辑的思考归纳出规律性的经验；要为这些经验找到理论根据，使感性认识上升到理性认识，上升到有指导意义的理论层面；要撰写出有质量的文章来宣传、推广这些研究出来的有效经验。这每一个过程都是一个学习的过程，一个思考的过程，一个发现的过程，一个提高的过程。

4. 推进教育教学改革、提高教育教学水平的有效保证

教育的改革与发展虽然不是自发进行的，但不能盲目地推进。要保证各项新事物、新思路、新措施的实施，必须在一定的范围内进行试点性的试验，验证它的科学性、先进性、可行性以及可操作性。教育经验总结就是一种实证性、操作化的研究活动。它是通过总结试点工作的有效经验，探索实施的途径、方法，能有效地为各项教育改革措施的出台提供实践的依据，为教育的改革与发展提供有效的保证。

由于教育经验法总结出的规律、成果常常是与广大教师所从事的教育教学工作密切相关，解决的是一线广大教育工作者关心的、需要解决的问题；同时，这些经验大多出自一线广大教育工作者的丰富的、生动的工作实践，贴近实际，易于理解和操作，因而容易被接受和采纳，推广应用的渠道比较畅通、简便。所以，教育经验总结法能及时为提高教育教学质量提供值得借鉴的经验。可以说，每一项教法的改进，每一次教学质量的提高都是与总结、推广先进的经验分不开的。

二、 教育经验总结的应用

教育经验总结，既是教师最常运用的教育研究手段，也是最易掌握、最易出成果的研究方法。因此，广大教师熟练应用教育经验总结，对于提高自己的科研能力具有非常重要的作用。

（一） 教育经验总结的一般步骤

1. 准备工作

（1）确定题目。应根据教育实践中存在的问题，或是迫切要求解决的问题确定总结经验的题目。

（2）选定对象。对象可以是地区、单位或个人。对象的选定主要看是否具有代表性，包括各种类型，以便获取完整的经验。

（3）阅读有关文献资料。围绕总结的中心内容，广泛收集、翻阅有关资料，包括政策、文件、国内外研究动态，以及总结对象的有关历史和现实的资料等。

（4）制订计划。计划应包括目的、任务和基本要求；工作进程的规划；设计具体总结的方法、总结人员的组织和分工，以及总结的验证等。计划要留有余地，要具备可行性。

2. 搜集事实资料

经验总结要求全面地获取事实资料。掌握充分的、可靠的、必需的事实，是经验总结的基础和前提。缺少了事实，总结就成了无源之水、无本之木。

经验总结的事实材料主要包括两个方面的内容：一是反映前后变化的材料，以突出其成效。比如，总结后进生教育的经验，就要收集后进生原始的各方面的材料，还要收集教育后，后进生发生变化的材料，用前后的反差来证明后进生教育的效果。二是收集如何促成变化的材料，以说明为什么会取得这样的效果和怎样取得这样的效果。比如，后进生的转化，就要收集促使后进生转化的条件、原因、措施等方面的材料。无论是哪方面的事实材料，都要注意全面性和典型性相结合。

材料收集的范围主要有以下 3 种类型：

（1）现成的文字材料。如执教人员的教案、计划、日记以及学生的作业、试卷、会议记录等。这些材料比较容易收集，并且能大体反映教育活动的基本轮廓。

（2）教育活动现场的观察材料。先进的经验可以在日常的教育实践中反映出来，如：教育过程记录的听课笔记、录音、录像等，以及整理后的教学后记、评价等，因此研究者可深入现场收集这方面的第一手资料。这类资料生动具体，能深刻地反映经验的精神实质，体现经验的特色。

（3）研究者的调查材料。包括研究者召开的各种座谈会、学校教师和学生反映的材料等。这类材料有的综合性较强，有的可以针对某一专门环节深入探讨，是进行经验总结的重要依据。

在收集材料时，要保证材料的真实性和客观性。不能按事先预设的框架去挑选一些事实来证明某些观点；更不能通过夸大、缩小、虚构来改变事实的本来面貌。只有奠定在客观事实真实性的基础上才能获得可靠的研究成果。

3. 整理分析资料

收集材料不是目的，而只是一种手段。有人曾做过一个比喻：科学由事实构成，如同房屋由砖砌成一样。但事实的简单堆砌并不是科学，正像砖的任意堆积不是房屋一样。事实只有以系统的概括形式表现出来，并作为现实规律的依据时，才能成为科学知识的组成部分。因此，在进行经验总结时，必须在充分占有大量资料的基础上，对资料进行整理并进行深层次加工，使资料条理化、系统化，以形成能说明问题的材料整体。

整理分析事实资料的主要工作有：

（1）核实资料。根据经验总结的目的，要对所收集的资料的可靠性进行核实，以求去伪存真，删繁就简。核实包括三个方面：一是核实经验的具体内容，如教师在解决问题时采用了什么手段，采取了哪些措施，要求学生做了些什么，以及使用哪些教材、教具等。这可以通过谈话、问卷、观察等方式进行核实。二是核实经验的实施过程，包括时间、地点、人员、环境及实施的步骤等。实施过程可借助录音、录像加以记录。三是核实经验的效果，包括学生言行的转变、学习成绩的变化、能力的提高以及个性特征的变化等。它可通过测验、问卷、实践操作、组织活动等方式予以调查核实。

（2）筛选资料。在与经验有关的大量事实中，并不是所有的事实都能深刻地说明观点，只有那些最能反映事物本质的事实才是真正体现经验的事实。因此，必须对事实材料进行反复筛选。筛选要做到：①去粗取精、删繁就简，去掉那些无关紧要的材料，抓住最能体现事物本质的、典型的、具有普遍意义的材料；②去伪存真，抓住那些反映事物真相的材料，不为假象所蒙蔽；③由此及彼，把零碎的、孤立的材料联系起来；④由表及里，通过事物的外部表征发现事物的内部联系和规律，不能停留在事物的表面，而达不到对事物本质的认识。

（3）提炼升华资料。教育经验事实的提炼是根据经验总结的目的要求及其主题，从教育经验事实出发，依据教育基本理论，对事物或现象做出科学的概括和界定，揭示它们之间的本质联系。从局部经验中发掘其普遍意义，使感性认识升华为理性认识，并提炼出经验的主题。

4. 总结与讨论

在前面三个步骤的基础上，可以写出初步经验总结的草稿或详细提纲。在总结中，应当确定某项活动取得了哪些经验，这些经验相对于以往的认识有哪些突破等。然后应以经验总结者为主体，邀请教育主管部门的领导、教育专家、教育理论工作者、教师和学生代表参加，召开总结经验论证会议。通过论证考察经验总结是不是符合科学认识的逻辑性，是不是反映了教育发展的客观规律。

5. 撰写经验总结报告

撰写经验总结报告是经验总结的最后一个环节。一般应在经过论证的经验总结初稿的基础上进行精心的加工修改，从内容到形式反复推敲，进行理性分析，推演出一定的结论，最后写出正式的书面总结报告。根据经验总结的性质，将书面报告或呈上级教育主管部门核批，或印发给有关单位或个人；或在教育专业报刊上发表，以获得经验的推广。

（二） 教育经验事实的积累、 筛选和理性提炼

1. 教育经验事实的积累

首先，需要总结的一般是那些在客观上已取得良好效果的经验。

其次，应该包括反映工作过程的事实，展示事物发展的全貌，使人们了解"经验"形成过程中各种条件、原因和结果之间的内在联系，进而使经验总结对于他人而言更具有可借鉴的意义。

概括地说，经验总结中需要积累的事实材料，从其所反映的范围来讲，有面（整体）的材料、点（局部）的材料和个别展开材料；从其所反映的类型来讲，有数量化材料和非数量化材料、文字材料和声像材料等；从事实材料的性质来讲，有正面材料和反面材料、主体材料和背景材料、历史

材料和现实材料等。

采集和积累经验事实，可以通过观察、调查、访问、测试等多种途径进行。

2. 教育经验事实的筛选

在与经验有关的大量事实中，并不是所有事实都能深刻地说明观点（证实经验）的，只有那些最能反映事物本质的事实才是真正体现经验的事实。因此，必须对事实材料进行筛选。经验事实的筛选过程大致如下：

首先，把握主题，明确意图。要弄清总结的目的和要求，准确把握总结的主题即经验的核心，使整个经验事实的筛选过程紧紧围绕总结的主题逐步展开。

其次，分类整理，建立联系。应当对前一阶段的工作状况有比较全面、准确的了解，然后对大量材料按照总结的需要并依据一定的标准进行分类整理，形成"现状—事实经验"之间的联系机制。

再次，考察评价，初步选定。对这些事实进行由此及彼、由表及里的分析鉴别，探求某种措施对实际教育过程所产生的效果，进而从众多事实中挑选出最具代表性、最能反映问题实质、最能证实经验成立的事实材料来。

经过筛选的事实材料，应该是能够最有效地证实"经验"可行性的材料，具体要求如下：

（1）材料要新颖。注意采用科学研究的最新成果，自己或他人进行教改实践的新鲜事例和新的收获，以及人们尚未发现的或鲜为人知的材料等。

（2）材料要恰当。所选用的材料要能够准确地证明观点的正确性，材料和观点间要有必然的内在联系。

（3）材料必须充分和必要。选用材料要尽量少而精，但必须充分，足以说明问题。

3. 教育经验事实的理性提炼

教育经验事实的理性提炼，是指根据经验总结的目的要求及其主题，从教育经验事实出发，依据教育基本理论对事物或现象做出科学的概括和界定，揭示它们之间的本质联系。从局部经验中发掘其普遍意义，使感性认识上升为理性认识，探讨事物发展的客观规律。没有理性提炼的经验总结，如同一般的工作总结。

（1）掌握理论——提炼经验事实的前提。教育经验总结的理性提炼，必须有正确的教育思想和教育基本理论的指导，并根据某一总结的要求从有关的专业理论成果中吸取营养。

（2）概括主题——提炼经验事实的根本。经验总结的主题，是指贯穿于某项经验形成全过程中，起着主导作用，反映经验本质特征，具有自己特色的某种思想观念、原则或方法论原理。主题是经验总结的"灵魂"，是经验的"纲"。

（3）揭示机制——提炼经验事实的关键。科学性经验的总结，主要为了说明事物或现象为什么会发生某种变化，关键在于告诉人们怎样才能获得良好的效果，从而提高人们的认识，增强探求事物发展规律的自觉性，这就称为揭示机制。怎样在经验总结中揭示其内在机制呢？

①应该符合事物由萌发到成长完善、由低级到高级、由浅层向深层发展的规律。在总结经验时，首先要探讨其实践开始所面对的问题，然后再考虑和分析这些问题以及实践者所采取的措施、达到的效果之间是否有着内在的逻辑关系。接着，还要对实践进程中的若干阶段进行考察，分析其间的数量关系、典型人物、典型事件的变化，从而清晰地勾勒出事物发展的轨迹，探求经验形成过程中的各种因果联系及事物发展的客观规律。

②应该反映事物内在各主要因素间相互联系和作用所产生的功能，以及这些功能所引发的事物的某种变化。必须分析它的多种条件，它的内部结构中的各要素及其相互关系；探寻在什么情况下，采取了何种措施，各种要素如何相互作用才形成某种功能而使事物发生变化、产生良好效果的。这种综合分析的过程，就是深入揭示"经验"内在机制、把握事物内在规律的过程。

第五章//
教育研究资料的整理与分析

在教育研究中运用的统计方法大多体现在观察、调查、实验和测量的设计中。因为它们大多包括对象的选择、样本容量的确立等内容。另外，实施各种教育方法之后，往往会得到一大批原始数据。在整理之前，这些数据是杂乱无章的。为了使数据有序排列，方便进一步处理，应该对这些数据进行整理。在整理的过程中，往往就需要教育统计学来完成。

第一节　教育研究数据资料的整理

一、数据资料类别

不同类型的资料或数据需要选用不同的统计方法。因此，在介绍统计分析方法前，有必要先了解数据和资料的类别及其特点。数据资料主要可分为：

（一）分类资料和称名数据

分类资料和称名数据是指通过调查得到的个体的类别信息。为获得这类信息而设计的调查题目，一般为分类量表或称名量表。它通常是根据某种标准，将调查对象分为可能存在的两个或更多的类别，由调查对象根据自身情况确定所归属的类别。例如，教师的性别、职称等，学生在学校或班级中的职务，学生对某种行为、事物等的态度即赞成、反对、不确定（也可以是其他的态度分类）。对于这类信息，一般是通过计数的方法，利用得到每类个体的数目或其在总体（或样本）中的百分比，来揭示调查对象在某方面的分布情况或成分结构。在建立数据库、登录数据时，分类资料通常用数字代码表示，例如用 1 表示男性，用 2 表示女性，用 1、2、3 分别代表赞成、不确定、反对的态度类别。

（二） 顺序数据和等级数据

这种数据资料主要显示个体在某方面特征或需求水平的高低、强弱等。为得到这类信息而设计的题目或测验称为等级量表或顺序量表。教师对学生学业成就、品德评定的等级，如优、良、中、及格或不及格，5 分制评分 5、4、3、2、1，就属于等级数据。这种数据虽然能区分出个体在某方面的水平差别，但它们没有相等的单位。例如，1 和 2 之间的差距与 2 和 3 之间的差距，就不会被认为是相等的。在建立数据库时，非数值型等级信息也常用数字表示。在描述调查得到的分类资料信息或比较不同群体的水平差异时，通常用实际次数和百分比来显示或比较数据的分布特征。

（三） 等距数据

这类数据是指用等距量表测得的数据。等距量表具有相等的数量单位，而且还可再细分为更小的数量单位，但它没有绝对的零点，例如温度。等距可以显示出测量对象的大小、高低之别，可以精确区分测量对象间的差异。

（四） 比率数据

比率数据指通过比率量尺测得的数据。比率量尺有绝对的零点，测量单位可以细分为更小的、相等的单位。人的身高、重量，场地的面积，作业所用时间等数据，就属于比率数据。

对于等距数据和比率数据，在进行统计分析时，不仅可以利用次数分布表、直条图、直方图等图表方式描述一组或多组数据的分布状况，而且还可以用平均数等集中量数概括一组数据平均水平，利用标准差等差异量数描述数据的离散程度。

应当指出，在教育研究中得到的心理测验分数、学科考试或测验分数、等级评定结果等，严格意义上讲，属于等级数据。但是，人们在编制这些测量工具时，一般采用的都是能够区分出研究对象某方面特性强弱、能力水平高低的试题，而且有相当细致严密的评分标准，因此，人们一般都认为这些测量工具测得的数据能够反映个体之间的水平差异，可以作为等距数据来进行统计分析。

二、 建立计算机数据库文件的意义

计算机和统计软件的发展已经为研究者提供了十分便利、快捷、精确的统计分析工具。只要研究者用计算机建立了数据库文件，在计算机中利用统计软件打开数据文件，选用所需的统计分析方法后，计算机就可以在几秒内输出统计表、统计图等形式的统计结果。而且数据只需登录一次，就可以进行多种多次统计分析。因此，建议研究者调查或测量后，最好先使用计算机建立一个电子表格数据文件，为使用计算机进行统计分析奠定基础。建立电子表格数据文件的方法和程序很多，Microsoft 公司开发的 Office 办公系统中的电子表格软件 Excel、字处理软件 Word 中的制表工具都可以用来建立数据表格文件。这些软件中也含有较常用的统计程序。

目前比较流行的，可供个人计算机使用的统计软件主要有：SPSS（社会科学统计软件包）、SAS（统计分析系统）。这两个统计软件的中文使用指南在我国已经出版发行。高等院校中从事心理学与教育学测量、统计课程教学的教师都已掌握了 SPSS 的使用方法。如果需要，研究者可以向他们寻求帮助。

第二节　教育研究资料的定性分析

对于定性研究而言，资料的整理与分析是指系统化地搜集和排列访谈记录、观察笔记和其他积累的资料，以便得出研究发现的过程。分析包括处理资料，组织资料，将资料打散为可以管理的单元、编码，综合和探索规律。

在定性研究中，处理分析资料的手段是多种多样的。分析方法可以分为两种：一种是在资料收集的同时即进行资料的分析和阐释，到资料收集完时分析和阐释的工作也基本完成。另一种是资料收集完后再进行分析和阐释。这里主要介绍后一种方法。

研究者刚刚把最后一次访谈笔记或观察记录输入计算机，然后把它们归档。现在，研究者面对在整个研究过程中辛勤搜集来的、大量的、杂乱的所有资料，脑袋里一片空白，问道："现在我该怎么办？"。

的确，对定性资料进行分析和阐释是一件困难和复杂的事情。但是，对定性资料分析的方法说起来却是比较简单的事情，即对资料进行编码分类。

设想研究者在一个很大的体育馆里，地板上杂乱地堆着数千个玩具。研究者的任务是建立一套归类方案把这些玩具分成若干堆。有很多分类方法可以选择，研究者可以按照大小、颜色、原产国、生产日期、制造商、原材料、可玩的游戏类型、适合的年龄段等方式来分类。

这与定性研究者通过编码分类来组织研究资料是很类似的。当然定性研究者的任务更加艰难、条件更加复杂，要组织归类的资料不容易被切分成单元资料，分类系统也不是那么清晰明了。

研究者在通读研究资料的过程中，会发现某些词、词组、行为模式、研究对象的思维方式或者事件会重复出现或者显得很突出。建立一个编码项目包括以下几步：搜寻自己的资料，寻找规律、模式和话题，然后用某个词或词组来代表这些话题和模式，这些词和词组就是编码分类了。要记住，任何一个单元资料（一个自然段、一个句子等）都可以用多个编码簇的多个编码分类表示。换句话说，一个单元资料可以有一个或多个编码。

一、 场景情景码

场景情景码指的是那些可以将关于场景、主题和研究对象的最一般信息进行归类的编码。这种编码可以将研究者的研究置于一个更大的情景中。在这些编码下，大部分关于环境、研究对象和主题的描述性资料，也包括地方报纸的文章和其他媒体资料，都可以进行合理安排。

另外，人们描述研究对象、环境及其在社区中的地位的一般性陈述也可以在这里被编码。描述统计信息和其他描述环境的量化数据也可以被编码。

二、 被研究者对事情的定义码

在这类编码下，研究者的目标是安置那些显示了研究对象如何定义环境和特定主题的数据单元。他们渴望实现什么？他们如何定义自己做的事情？什么对他们是重要的？是否有特定的倾向影响他们对各种活动参与（宗教、政治、社会等级、女权主义、生命权利）的定义？研究者可能在观察不同类型的参与者：学生、行政人员、家长。研究者可能对每一类参与者都有一个编码，也可能在参与者之间有其他的区分可以作为编码的依据。例如，在一个女性对自己经历的看法的研究中，情境定义码包括"女权主义的自觉""当前自我形象""阐释过去的影响"。

三、 被研究者看问题的角度

这一组编码包含了那些导向全部或部分研究对象所具有的思维方式的编码，它们不是对整个情形的宏观定义，而是对环境中某一特定方面的理解倾向。这包括共享的规则、规范，也包括一些普遍的观点。通常观点或视角是从研究对象使用的词组中捕捉到的。例如，在对教学医院加护病房的研究中，两个词组经常被使用，它们反映了共同的理解，成为整理数据的编码。"难以预料"（指的是很难预测病人将会发生什么）、"坦诚但不残酷"（指的是理解研究者应该告诉父母孩子的病情，但不要用那种让他们不安的字眼）。

四、 被研究者看待人和事的方式

这一组编码代表着研究对象对彼此的、对局外人的，以及对构成他们的世界的那些事物的理解。比如说，教师对他们所教学生的特点就会有定义，在老师眼中有各种不同的学生。在对一个幼儿园的研究中，研究者发现教师认为学生要么是"不成熟的"，要么是"愿意上学的"。另外，有时老师也会根据学生的穿着或家庭环境将他们分类。"教师对学生的看法"就是这个研究中的编码分类。在对教学医院中儿童加护病房的研究中，研究者发现医生根据一个详细的方案对婴儿分类，有的类别和婴儿在病房中度过的特定阶段相关。有的类别是这样的："哺育者和成长者""不能生存者""重病婴儿""健康婴儿""慢性病患者""吃奶者""休养者"。在同样的环境中，家长被视为"好家长""不够好的家长"和"制造麻烦的家长"。"医生眼中的病人"和"医生眼中的家长"也是该研究中的编码分类。不仅人可以作为分类的对象，在一个对学校看门人的研究中，不同类型的垃圾也被做了笔记并进行了分类。

五、 过程码

过程码是那些方便对事件序列随时间的变化以及从一种状态向另一种状态转变进行归类的词和短语。为了使用一个过程码，研究者必须将一个人、群体、组织或活动看作随时间变化的，并且能认识到一个至少分为两部分的序列中的变化。典型的过程码包括时间段、阶段、状态、转变、步骤、生涯和编著年表。另外，过程码簇中也包括序列中的关键点（如转折点、基准点、过渡点）。

过程编码在组织生活史材料中很常用。这个编码分类就是被研究者生命中明显可以分开的几个时期。例如，强调教育状况的个人生活史可以包括这样的编码分类：①早期生活；②迁居北京；③入学第一天；④进入××中学；⑤纳尔逊夫人后的学生时代；⑥中学的前几周；⑦成为一个青少年；⑧高中后。注意这里的编码暗示了被研究者如何排列他的生活。这里的编码并不反映统一的时间跨度或者其他研究者强加的时间段。在建立生活史编码系统时，被研究者自己的分类方案通常就作为编码了。

过程编码方案也是案例研究中常用的数据组织方式。在这里，组织随时间的发展变化是关注的焦点。同样，对有计划的社会干预的研究可以用一个编年编码方案来编码，编年编码是历史研究的基础。

在有的研究中，过程编码分类是占统治地位的，但在其他研究中可能只是作为被用到的多种方法之一。比如，在一个对教室的研究中，下列标题揭示了作为其他编码簇的补充的编码分类："教师生涯的阶段""学年""学校的一周""被青少年群体接受的步骤"，还有"退学的过程"。

六、 活动码

活动码用来指代常规性发生的行为。这些行为可以是相对非正式的，并且可以衍生出类似"学生抽烟""开玩笑"或"放电影"这样的类属，或者是作为环境的正式组成部分的其他经常发生的行为，像"学校中的早操""午餐""出勤""学生访问校长办公室""班级出游"和"特教案例会"等。可以用这样的标题来编码的数据单元是显而易见的。

七、 事件码

这类编码指向那些记录研究者所研究的环境或采访的研究对象生活中

发生的特定活动的数据单元，事件码指向那些频繁发生或者只发生一次的事件。比如，在一项研究中，有采访女性的上学经历的环节，第一次月经是所有女性都提到的事件，这个事件即可成为一个编码分类。在参与式观察的研究过程中，能够成为编码分类的事件是研究对象足够注意并大加讨论的事件。在研究者研究之前发生的事件可能是被频繁讨论的话题。在一些参与式观察研究中以下事件成为编码分类，如"教师被炒鱿鱼""教师罢工""骚乱"和"学校庆典"。

八、 策略码

策略指的是人们用以完成各种事情的战术、方法、技术、伎俩、手段和其他有意识的方式。比如，教师采用一定的策略来控制学生行为、教授阅读、使学生顺利通过一个学年、逃避在大厅里的义务、得到他们想教的班级。学生利用策略来通过考试、会见朋友、对冲突的需求进行协调。校长利用策略来摆脱老师、开设新的职位或减少旷课。

九、 人际关系和社会结构码

人们之间非被组织结构图定义的常规行为模式称为人际关系。人际关系码所包含的数据单元有派系、友谊、爱情、联盟、角色设定和职位，它们代表了这类编码分类的一部分。对一个环境中人际关系的总体描述称为"社会结构"。对这个领域的涉及引向一个社会结构描述系统的建立。

十、 叙事码

叙事码描述了谈话本身的结构。当数据提供者告诉研究者他们的故事时，他们实际上提供了一个有特定框架的生活记述。如果是以叙事形式来呈现的，那么叙事的结构是什么？故事从哪里开始？讲了什么？如何结束的？数据提供者组织他们的故事时，有哪些冲突？通常，数据提供者会想同时表达两个观点，或者前后矛盾，或者被牵扯到多个方向，或者他们无法用言语清楚地表达某种情形。

第三节　教育研究资料的定量分析

无论采用什么研究方法进行研究，都会搜集大量的、杂乱的、复杂的研究资料。因此，对大量的、复杂的研究资料进行科学、合理地整理和分析，就成为教育研究活动中必不可少的一个环节。这一环节是研究者对研究资料进行理性思维加工的过程。通过这一过程，可产生出研究结果。

根据研究资料的性质不同，研究资料可以分为质性研究资料和量化研究资料。对研究资料的整理和分析就相应地分为质性研究资料的整理与分析和量化研究资料的整理与分析。

一、 定量资料分析中的几个基本概念

（一） 随机变量

在相同条件下进行试验或观察，其可能结果不止一个，而且事先无法确定，这类现象称为随机现象。表示随机现象中各种可能结果（事件）的变量称为随机变量，教育研究中的变量大多数都是随机变量，如身高、智商、学业测验分数等。

（二） 总体和样本

总体是具有某种或某些共同特征的研究对象的总和。样本是总体中抽出的部分个体，是直接观测和研究的对象。例如，要研究西安市 5 岁儿童的智力发展问题，西安市的 5 岁儿童就是研究的总体，从中抽取 500 名儿童，这 500 名儿童就成为研究的样本。

（三） 统计量和参数

统计量：反映样本数据分布特征的量。例如：样本平均数、样本标准差、样本相关系数等，都属于统计量，它们分别用 $\bar{x}$、s、r 表示。统计量一般是根据样本数据直接计算而得出的。

参数：反映总体数据分布特征的量。例如：总体平均数、总体标准差、总体相关系数等。它们分别用 μ、σ、ρ 符号表示。总体参数常常需要根据样本统计量进行估计和推断。

（四） 描述统计与推断统计

描述统计是指对获得的杂乱的数据进行分类、整理和概括，以揭示一组数据分布特征的统计方法。包括编制统计表，绘制统计图，计算各种统计量、集中量、差异量、相关系数量等。

推断统计是指根据样本所提供的信息，运用概率理论进行论证，在一定可靠程度上对总体分布特征进行估计、推测的一类方法。推断统计的特征有三点：

推断总是根据样本信息对总体进行推断。比如根据实验班的信息和对照班的信息推断实验总体的平均数和对照总体的平均数是否存在差异。

推断总是依据一定的概率理论进行推断。比如，对平均数差异的推断常常是在 t 分布、z 分布或 F 分布等概率分布下进行推断的。

推断总是在一定置信度上推断。比如，推断的置信度常常是 0.95 或 0.99。推断统计又可分为参数估计和假设检验。最常用的推断统计方法是假设检验。

（五） 集中量与差异量

集中量是表示一组数据典型水平或集中趋势的量。集中量是一组数据整体水平的代表值。不同群体间学生成绩比较时，需要用集中量指标。常用的集中量指标有算术平均数、中位数和众数。

差异量是表示一组数据的离中趋势或变异程度的量。常用的差异量指标有方差、标准差和差异系数。从下列两组数据可以看出，描述一组数据分布特征仅用集中量指标是不够的，还需用差异量指标。观察下面两组数据：

A：60 65 70 75 80

B：50 60 70 80 90

两个组的集中量指标算术平均数都是 70，但 A 组数据的变异明显小于 B 组的变异，A 组的全距是 20（最大值减去最小值），而 B 组的全距是 40，所以要全面描述一组数据的分布特征，既要用集中量指标，也要用差异量指标。

二、 方差和标准差的概念及其计算

描述一组数据的分布特征需要用到集中量指标和差异量指标。集中量最常用的指标是算术平均数，这在学校里已经学过，兹不赘述。最常用的差异量指标是方差和标准差。这里简单介绍方差和标准差的概念及其计算方法。

（一） 方差

方差是一组数据离差平方和的算术平均数（用 S^2 表示）。定义公式为：

$$S^2 = \frac{\sum (X - \overline{X})^2}{N}$$

式中，$X - \overline{X}$ 为离差，$\sum (X - \overline{X})^2$ 为离差平方和，N 为数据个数。

由于方差在计算时，把数据中的单位也平方了，且离差也几何倍放大了，所以常常用标准差作为差异量指标。

（二） 标准差

方差的方根即标准差。

$$S = \sqrt{\frac{\sum (X - \overline{X})^2}{N}}$$

例如：利用定义公式求 5、6、8、6、4 的方差和标准差。

解：（1）求平均数：$\overline{X} = \frac{\sum X}{N} = \frac{5+6+8+6+4}{5} = 5.8$

（2）方差：$S^2 = \frac{\sum (X - \overline{X})^2}{N} = [(5-5.8)^2 + (6-5.8)^2 + (8-$

$5.8)^2 + (6-5.8)^2 + (4-5.8)^2] \div 5 = 1.76$

（3）标准差：$S = 1.33$

三、 假设检验的逻辑原理

常用的推断统计是假设检验。现以平均数的显著性检验为例来说明假设检验的逻辑原理。

以平均数为例，看假设检验的基本原理。从已知总体 μ_0 中抽出的容量为 n 的一切可能样本的平均数形成的分布，这就是平均数的抽样分布。当总体为正态分布时，平均数的抽样分布也符合正态分布。现有一个随机样本，其平均数为 a，这个样本是来自 μ_0 这一已知总体吗？或者说这个样本所代表的总体平均数和已知总体平均数相等吗？这就是假设检验所要解决的问题。其逻辑原理是，视 a 在以 μ_0 为中心的平均数抽样分布上出现的概率大小而定。若样本平均数 a 在以 μ_0 为中心的抽样分布中出现的概率较大，则认为样本所属总体和已知总体为同一总体；若样本在抽样分布中出现的概率较小，则认为样本所属总体与已知总体有显著性差异。

四、 总体平均数的显著性检验

总体平均数的显著性检验，也就是根据一个样本信息来检验这个样本所代表的总体平均数和一个已知的总体平均数是否有显著性差异。

五、 平均数差异的显著性检验（独立大样本）

平均数差异的显著性检验，也就是根据两个样本信息，对两个样本所代表的两个总体平均数之间是否有差异所进行的检验。

六、 完全随机设计的方差分析

当所分析的数据多于两组时，常常用方差分析方法进行多个总体平均数差异的显著性检验。

七、 卡方检验

对总体平均数之间是否有差异所进行的检验，被称为参数检验，常适用于教学实验研究。而对调查资料，则需要运用非参数检验的方法进行检验。最常用的非参数检验就是卡方检验。

X^2检验的统计量

$$X^2 = \sum \frac{(f_0 - f_t)^2}{f_t}$$

式中，f_0为实际频数，f_t为理论频数。

//第六章
教育研究成果的撰写

　　教育研究成果即为教育研究取得的成绩和所产生的效果，是教育研究目的实现的表现形式，也是评价教育研究水平与质量的重要依据，是教育研究结论学术观点成效必不可少的传播载体。它的主要作用是全面客观真实地再现研究过程，科学深刻准确地阐释研究结论，充分反映和展示研究者的思想学术观点，为推动教育研究不断向前发展提供借鉴与学习的资料。如何恰如其分地表述教育研究成果对于研究者来说十分重要。

第一节　教育研究成果的形式

　　教育研究的成果一般表现为显性的成果和隐性的成果，显性成果有论文、著作、经验总结、教材、教具、学具、发明专利，以及通过研究制定的教育政策法规文件、教学文件、质量检测标准等物化成果。隐性成果有隐含在研究过程中形成的思想观点、教师和学生或某个特定研究对象能力素养的提升水平和程度，问题解决的效果，心理现状改善程度，家长社会的评价与反响等这些平时看不见、摸不着，但可以通过描述再现为物化形式的成果。在总结成果时常常更多更直接看到接触到的是显性的成果，而在研究过程中潜在的、隐性的成果却往往没有引起足够的重视和关注，或没有充分地挖掘整理，使得研究成效大打折扣，一定程度上削弱和降低了科学研究的影响力和有效性。因此，在注重显性成果的总结和发表的同时，要特别注意挖掘隐性成果。

第二节　教育研究成果的表述类型

目前学术界对教育研究的成果类型有多种说法，比较典型的有根据研究成果的名称将教育研究成果分为理论成果、实践成果、发展性成果、阶段性成果、教学研究成果、学术专著和较高水平的教科书 7 种类型。[①]

根据研究成果内容和产生的方法可将教育研究成果分为 3 种类型：一是用事实来说明问题的事实性研究成果，如教育实验报告、教育观察报告、教育经验总结报告、教育调查报告等，称为教育研究报告类论文。二是用深刻的哲理和严谨的逻辑论证来说明问题的哲理性研究成果。包括学术论文、学术专著、学位论文等，称为教育研究学术类论文。三是两者兼有的综合性成果如教育评论、教育述评等特殊论文。[②]

根据研究的特质可将教育研究成果分为基础理论研究成果、应用研究成果、开发研究成果等 3 种类型。

上述几种划分方法各有各的道理，也不能简单地说孰是孰非，因为一项比较成熟完整的成果可能同时具备各种类型的特性，如一篇高水平高质量的学术论文既具备很高的理论价值，提出了许多富有创新的学术观点，同时又对解决实际问题很有指导作用，能简单地说仅仅是理论成果吗？属于哪类成果固然重要，也不难区别，关键是看成果的内容，依据内容来划分成果的类型应该是比较科学的。如果脱离内容来谈形式将使人越来越糊

---

① 教育部人事司. 高等教育学［M］. 北京：高等教育出版社，1999.
② 裴娣娜. 教育研究方法导论［M］. 合肥：安徽教育出版社，2005.

涂和莫衷一是。因此，我个人比较认同"用事实来说明问题的事实性研究成果""用深刻的哲理和严谨的逻辑论证来说明问题的哲理性研究成果""两者兼有的综合性研究成果"三种类型划分法。

事实性研究成果的表述，要求材料具体、数据真实可信、格式规范，科学客观地呈现研究过程和方法，合理地解释研究结果。

哲理性研究成果的表述，要求论点明确，论据确凿，论证严密，清楚展示理论观点和体系形成的过程。

综合性研究成果两者兼有但有所侧重。

第三节　教育研究成果的总体要求

一、表述形式规范

不同的成果形式有不同的表述形式，与作文一样，小说、散文、诗歌、议论文、记叙文等不同的文体有不同的表述风格与形式和不同的行文规范。如论文与著作、教育调查报告与教育实验报告既有联系又有很大区别，论文有论文的写法，著作有著作的写作要求。调查报告重在调查分析、提出对策和解决办法建议。实验报告重在实验要有实验对象、实验参照、实验方法、实验结果。因此，不同的成果采用的表述形式应加以区别不能"张冠李戴"，混为一谈。

二、结构要严谨

无论是哪种形式的研究成果，都要注意结构的逻辑性和整体性，像平常讲话、做报告、写文章一样讲究条理性、逻辑性、层次性，不能语无伦次、颠三倒四、东拼西凑。如研究报告的结构中先是研究目标，然后是研究内容；先反映主要研究成果，再谈研究成果的创新与特色，不能前后颠倒。学术论文也要遵循先有论点，再展示论据，最后进行论证的逻辑顺序，才体现文章的结构严密。

三、 内容要充实

内容是研究报告最主要、最关键的部分。有没有成果要看研究内容，有没有创新同样还是看研究内容。因为成果与研究内容是相对应的，提出问题就是为了研究问题，研究的问题即研究的内容。研究问题必须回答问题，回答问题即成果。因此，在总结研究成果时要注意充分挖掘研究过程中与研究问题相关的事实，注意从复杂的问题中发现解决问题的规律，找到解决问题的办法。尤其是那些学理性研究的要重在事与理之间找关联，找因果。把相对抽象的问题通过研究变得具体明白，把复杂的问题变得通俗易懂。研究报告切忌空洞无物。要正确处理好观点与材料的关系，在材料与观点相一致的情况下才能使研究有血有肉，内容丰富。有没有东西可写取决于是真研究还是假研究，假研究绝对写不出好成果，而真研究则有很多东西可写。

四、 表述要准确

词不达意，概念模糊，结论模棱两可，硬伤随处可见是研究成果之大忌。在成果产生和形成的过程中要尽量避免出现语言文字上的错误，以免因小失大，功亏一篑。科学的用语要力求做到真实性、准确性、坚定性、启发性、生动性、形象性。[①] 不能讲假话，用虚假数据，更不能编造谎言，以假充真。也不能不切实际无限夸大研究的功能，把所有与研究无关的事例、成效成绩都归结到研究名下，似乎做了研究就可以解决所有的问题。坚定性和启发性是强调科学用语要干脆利落，研究结论表述具有较高的信度和效度，能自圆其说，经得起理论推敲与实践的检验。富于哲理，给人

---

① 喻立森. 教育研究通论［M］. 福州：福建教育出版社，2001.

以启迪。在文字的表达上措辞讲究，简洁流畅，研究过程描述细腻，逻辑推理深入浅出，具有很强的可读性和欣赏性。

五、 引注要规范

引文注释讲求学术道德，尊重他人劳动，不侵犯知识产权。要尊重原文，客观真实，不能随意杜撰捏造。对研究成果中引用别人比较新颖、前沿的观点要标明作者姓名、引文出处。对于已经成为学术界的常识，即使不说明也不会对提出者的归属产生误会的观点，则可以不注明出处。如果语句太短、太常见，已经为大家所共用的不认为是剽窃。在论文的引言或综述文章中介绍他人成果时，不能照抄他人论文或综述中的表述，而必须用自己的语言进行复述。如果是照抄他人的表述，则必须用引号把照抄部分引起来，以表示直接引用。无论是全引、节引、意引都要加以附注说明，表现出研究者应有的道德品质和学术修养。

第四节 教育研究报告的撰写

教育研究报告的撰写是教育研究工作的最后阶段。当研究者完成了一项教育研究时，需要对整个研究过程及研究结构进行认真的分析总结，并选择适当的形式将研究结果明确地、有说服力地表述出来。这是教育研究程序中的一个重要环节。

一、 教育研究报告撰写概述

（一） 教育研究报告撰写的目的

教育研究可以定义为对各种数字、文字、图像或其他形式的资源的系统收集和分析，其目的是对教育的方方面面进行有效的和概括性的描述、预测、干预和说明。① 教育研究报告服务于不同的教育研究目的，是教育研究成果的集中体现，并通过研究报告的形式实现与他人的交流。

1. 全面总结研究工作

撰写教育研究报告的过程，其实质是对研究工作做出全面总结的过程。要根据研究的计划，依次对每个步骤的研究情况做出概括、分析和评价。这本身是对一项研究经过一次完整的历程后做出的自我审视和反思。经过这种审视和反思，会获得一些经验和教训，相对于研究工作之前和研究工作之初，对问题的认识会更清楚、更正确、更全面一些，因此，能获得认识上的升华。②

2. 系统展示研究成果

报告要向读者传达一组特定的资料和观点，将教育研究成果通过撰写研究报告的形式表述出来，提供研究过程的实际资料和对研究结果的评价分析，是对研究成果的展示。读者可以了解到研究的问题、进展和水平，同时便于其他研究人员重复实验、验证或评价研究结果，以及进一步发现新问题和新方法，从而促进研究的进一步发展。

3. 扩大社会效益

一项研究的社会价值是衡量这项研究质量高低的重要标准，它是指一个研究结果是否对教学计划和教学方法有影响，是否为改善教育的行动筹划了可供选择的途径，是否会给教育带来改善和改变等。③ 通过教育研究报告，研究的结果和价值得以展示，便可以了解它的社会反响，评价其社会效益，进而决定是否将其成果应用于教育实践当中去。

4. 提高研究者的相关能力

研究报告是影响教育研究质量评价的一个重要因素。对研究者来说，

---

① 乔伊斯·P. 高尔，MD 高尔，沃尔特·R. 博格 . 教育研究方法实用指南［M］. 北京：北京大学出版社，2007.

② 许红梅，宋远航 . 教育研究方法原理与应用［M］. 哈尔滨：黑龙江教育出版社，2007.

③ 俞爱宗，金哲华 . 教育研究方法［M］. 延吉：延边大学出版社，2009.

撰写研究报告同样是一项十分重要的基本技能。撰写报告的过程本身要求作者运用分析和综合的思维能力、简洁明了的表达能力以及科学严谨的研究态度，对于提高科研人员的科研水平、教育教学能力及思维水平是非常有利的。

（二） 教育研究报告的类型和结构

1. 教育研究报告的类型

研究报告是通过事实和数据呈现教育研究工作的结果或进展、报告情况、建议、新发现和新成果的文献。它是教育研究工作者广泛使用的一种文体。根据不同的分类方法，研究报告有不同的类型。这里主要介绍根据研究性质所划分的实证性研究报告、文献性研究报告、理论性研究报告。

（1）实证性研究报告。实证性研究报告是具有原创性研究的报告。即用实证性方法进行研究、描述研究结果或进展的报告。如对某一教育现象、教育问题或教育案例进行调查，以直接材料为基础，对研究的方法和过程进行分析，找出规律性的东西，指出存在的问题，总结经验、提出建议、得出结论写成的报告。此类报告一般由下列各段落所组成，不但可以反映出研究过程的各个阶段，而且能有顺序地呈现这些阶段[①]。

绪论，研究问题的发展和研究目的之陈述。

方法，描述进行本研究时所使用的研究方法。

结果，报告所发现的结果。

讨论，结果含义的解释和讨论。

确凿的事实和数据以及科学的操作是研究结果与结论可靠性的有力保障，是这类报告最显著的特点。

（2）文献性研究报告。文献性研究报告，即用文献法进行研究的报告，如教育史研究中的文献考证的报告。这类研究报告以文献资料作为研究材

---

① 陈玉玲，王明杰．美国心理协会写作手册［M］．5 版．重庆：重庆大学出版社，2008.

料，以对其进行分析、比较、综合为主要内容，并展示文献的考证过程，说明文献的来源和可靠程度。文献性研究报告以综述类文章为主要表达形式，应该呈现下列内容：①

①界定和澄清问题。

②综述以前的研究，以告知读者现行研究的状况。

③在文献探讨中，说明以前研究之间的关联、矛盾、缺失及不一致之处。

④建议解决上述问题时的下一个步骤或所有的步骤。

（3）理论性研究报告。理论性研究报告是以理论分析为主要方法的研究报告，即狭义上的论文。论文以阐述对某一事物、问题的理性认识为主要内容，要求能提出新的观点或新的理论体系，并阐述新旧理论之间的关系。论文向人们展示的是论点，即理论体系所形成的思维过程。富有深刻的哲理性和逻辑力量，是此类论文可能独具的"魅力"。

此外，根据研究结果的不同，还可分为依据性研究报告、原始性研究报告、成果性研究报告。根据研究方法的不同，还可分为实验报告、调查报告、总结报告等。

2. 教育研究报告的结构

（1）题目。题目应当简洁，并且能清楚表达研究目的和研究内容。其中最好将研究中的核心概念、关键词或问题陈述出来。题目不应比文章的实际内容更宽泛，否则难以凸显本项研究的特色，也使其他研究者难以从题目中获得准确的信息、难以依据题目检索文献。

（2）摘要和关键词。摘要是缩短文章内容且包含整篇文章内容的概要。② 摘要一般用 100～300 字对项目研究加以描述，其中包括研究问题、研究对象的特点、所用的研究程序（操纵实验变量、收集研究资料等）、研

①② 陈玉玲，王明杰. 美国心理协会写作手册［M］.5 版. 重庆：重庆大学出版社，2008.

究结果和结论。读者可以根据摘要来决定是否阅读整篇文章。摘要必须正确反映文章内容，同时做到简洁明了、语言连贯流畅。

关键词，用以揭示本项研究中的关键信息，便于检索。关键词应是专业术语，一般以 3～5 个为宜；在排列上，通常依据概念外延大小或论述先后顺序排列。

（3）主体（引言、方法、结果、讨论）。引言一般包括 3 方面的内容：[①]第一，研究课题陈述。清楚地说明研究的问题、选题缘由、研究意义。第二，相关文献综述。在陈述完研究目的之后，进行文献综述，了解该领域到目前为止已有的研究，并指出这些研究的共同点和相矛盾的地方。对文献的回顾奠定了研究者的研究基础，它展示了研究者的研究在一个更大的框架下的价值。第三，列出研究假设，即本研究所要解决的问题或本研究旨在达到的目标。

方法，主要交代研究是如何进行的，即本项研究依据研究目的和具体需要选择了哪些研究方法，这些方法在本研究中具体涉及哪些因素。例如，如何选取研究对象（样本），实验研究需介绍选择哪种实验模式，为什么选择这种模式。观察研究需要介绍使用了哪些观察工具（如记录表、录像机），观察了哪些内容。这一部分的描述使读者可以评价作者所使用的方法是否适当及结果的信度和效度。[②]

结果，显示数据和统计分析，但对结果的含义不做讨论。所有的相关发现都要呈现出来，也包括那些对假设不支持的发现。个别分数或原始数据除外，它们只有在单个被试，或很小的样本的研究中才显示出来。除了文字，表和图也是呈现数据的重要手段，用来说明复杂的关系和变化趋势，具有简洁直观、信息量大等特点。使用表和图时，要注意表和图是对文字

---

① 乔伊斯·P. 高尔，MD 高尔，沃尔特·R. 博格 . 教育研究方法实用指南［M］. 北京：北京大学出版社，2007.

② 陈玉玲，王明杰 . 美国心理协会写作手册［M］.5 版 . 重庆：重庆大学出版社，2008.

叙述的补充，因此，文本要告诉读者在表和图中需要搜寻什么，且提供充分的解释，使表和图容易理解。

讨论，是对研究结果所蕴含的意义做系统、深入的探讨。例如，最初的研究假设是否得到支持，在多大范围、什么程度上得到验证，是否在研究中不断修改假设，假设得到验证或修改的内在根据是什么等。

（4）参考文献和附录。参考文献主要列举正文中引用过的一些文献资料，各种文章、书籍、技术性报告等。参考文献或文献目录出现在报告末尾、结论部分之后。美国心理学会（1983）对参考文献和文献目录做了如下区分：参考文献指为了专门而具体地支持某一篇文章而引用的作品，而文献目录指为了提供背景知识和进一步阅读而提供的作品目录。①

附录可以为读者提供进一步的详尽信息。这些信息在论文或报告的主体中已经提及，只不过因为内容较多而难以在正文中完整交代，否则影响论述效果。调查问卷、量表或观察记录表、记录结果或使用在研究中的其他调查工具和计算机程序等，可以在附录中提供。

二、 教育研究报告的撰写计划

（一） 教育研究报告撰写的基本要求

1. 在科学求实的基础上创新

研究结果要在已有研究的基础上提炼出最有价值的观点和做法，将该项研究所获得的新事实、新见解、新理论、新措施等创新之处充分反映出来。这有可能是探讨前人所未知的问题，有可能是在前人的研究基础之上以新的材料从新的角度进行探索，还有可能是为了探讨和解决在新的形势下出现的新问题而提出的新颖独到的对策和观点。为此，首先，要用充分、确凿的论据来论证研究结果。要在采用精确可靠的数据、真实准确的记录、

---

① 威廉·维尔斯曼，袁振国. 教育研究方法导论［M］. 北京：教育研究出版社，2000.

明确无误的事实等材料的基础上，借助逻辑严密的论证来证明研究成果。其次，要实事求是地陈述研究内容。恰如其分地分析、推论，正确客观地反映事实。最后，要准确、系统、完善地表述研究观点。概念要明晰，语词达意而不空洞。

2. 观点和材料保持一致

教育研究必须以事实为依据，精心整理研究中获得的大量材料，从中精选出最有价值、最典型的事实材料作为理论的依据。为此，在选择材料时要注意以下几点：①围绕研究的主要问题选材；②材料要典型，有足够的代表性（注意：定量研究和定性研究所强调的"代表性"含义不同）和说服力；③要认真鉴别材料的真伪和价值程度；④尽可能选取新鲜生动、反映时代现实的材料。

另外，在选取材料的基础上提出观点时还需注意以下几点：

①言之有据，从已有事实材料出发，经过严密的逻辑论证得出观点，不要凭空臆造。

②尊重事实，排除偏见和陈见。不能先入为主地臆断结论，而应该充分尊重事实；即使获得的资料证明事实不符合研究者研究的假设或预期，也应以事实为依据来提出观点。

③逻辑严谨，概括正确。在掌握大量材料的基础上，研究者应对材料进行正确、集中的分析、归纳和综合，提取论点，概括出结论。

3. 在独立思考基础上借鉴吸收

在表述研究成果时，需要正确处理借鉴吸收他人研究成果与研究者独立思考之间的关系。对引用的观点和文献，首先，要搞清作者的原意、文献价值，有针对性地抓住文献的实质及其与当前课题的关系，将文献与当前课题有逻辑地连接起来。其次，要善于吸收重点，在已有文献中选择最典型、富有说服力的材料。简单罗列的做法只能降低文献材料的作用，使材料失去或降低论证价值。

4. 书写格式符合规范，文字精炼，表达准确完整

研究报告和论文有通用的格式，很多学术刊物还对此有专门的要求。研究成果应该以一种创造性的、清楚的和精炼的方式来呈现。措辞应当是高雅而简洁明了的，而不应枯燥无味或使用学究气十足的语言；即使是最高深的思想，最好也要用简单的语言来解释。

（二） 教育研究报告撰写的基本环节

1. 选定题目

选题是科学研究和教育研究报告写作的第一步，选题的过程也是确定研究方向和视角的过程，同时选题的价值决定着研究的意义。正如科学学科的创立者，英国科学家 J·D 贝尔纳所指出的，"课题的形成和选择，无论作为外部的经济技术要求，还是作为科学本身的要求，都是研究工作中最复杂的一个阶段。一般来说，提出课题比解决课题更困难…所以评价和选择课题便成为研究战略的起点。"[①] 选题一般应考虑以下几个方面：

①从他人的研究成果中寻找有待进一步研究的课题；②由自己的"实践问题"转化为"研究课题"；③选题范围不宜过于宽泛或过于狭窄；④选题内容结合自己的学术兴趣；⑤选题的深度和广度适合于研究者的能力。

2. 制订方案

如果是撰写学位论文，或是进行课题研究，通常在课题初步确定后应提交论文方案（开题报告）。研究方案的制订可以迫使研究者以书面的形式陈述研究者的全部思想，以便研究者自己和他人对之进行评说并加以改进，还可以把它用作研究指南。一份构思周密的综合性研究方案还能使研究者很快切入论文的写作过程。[②] 论文方案的制订取决于研究的性质、目的，取决于论文的要求，一般涉及前言、方法、材料、讨论、参考书目。制订论

---

① 隋启仁．科学方法论研究［M］．北京：科学普及出版社，1983.
② 高尔，许庆豫．教育研究方法导论［M］．南京：江苏教育出版社，2002.

文方案通常需要回答以下问题：

①研究什么问题？②为什么进行此项研究？③需要参阅哪些文献？④如何开展研究？按怎样的程序进行？⑤拟用哪些材料？采用哪些分析手段和工具？⑥研究有何创意？会有哪些突破？⑦预计会遇到哪些问题？可能存在哪些局限性？⑧研究在理论和实践上有何价值？有何意义？⑨是否列出参阅的和拟参阅的文献？

3. 收集资料

收集资料是对文献的查阅和记录。这里有两层意思：一是查阅前人的研究成果即文献检索；二是通过调查、观察、实验收集当前的研究数据和事实。通过资料的收集，可以为撰写论文提供视角和素材。

收集资料可以从以下几个方面考虑：①收集哪些方面的资料？②到哪里去寻找所需资料？③用什么方式获取资料？④如何加工处理获得的资料？

当然，查阅资料、评价资料、记录资料是一项复杂而耗时的工作，但又是科学研究中必不可少的一环。根据经验采用记笔记、做卡片的方式来摘录资料不失为一种好方法。写作检索时，既便于分类编排，又省时省力。

4. 组织素材

在提出写作的主题、主要观点之后，接下来要考虑的是论文的基本思路，论文素材的组织，论文的框架结构。组织素材实际上就是对初选的材料进行加工提炼，使材料条理化、序列化，更符合写作的要求。

为了使研究论文中心突出、层次清晰、逻辑严密，通常要求在动笔写初稿前，先写一篇论文提纲。提纲可以是简要提纲（粗纲），也可以是详细提纲（细纲）。提纲的写作形式有标题式的、句子式的和段落式的。

5. 撰写初稿

初稿就是将要表达的思想、观点、成果具体落实到纸上，见诸文字。撰写初稿是研究论文写作的核心。一般来说，满足以下条件便可着手撰写初稿：当研究论文主题、思路、观点明确，论文的全局与部分的关系了然

于心，引用或参考的主要材料基本收集齐全，写作提纲已经确定并有相对
集中的一段时间。以下几项有助于初稿的撰写：

（1）写作要在大脑清醒、精力充沛的时段进行。

（2）初稿最好一气呵成，不必拘泥于细节，应集中表达思想。

（3）要牢记论文的中心，围绕文章的主题展开。

（4）尽可能按规范的格式或拟定的提纲撰写。

（5）要从全局出发，统筹安排，各部分之间要有逻辑联系。

（6）要以中心论点决定材料的取舍。

（7）事先记笔记、做卡片会使写作容易得多。

6. 修改定稿

修改定稿是研究论文写作的最后一环，一篇论文往往要几易其稿才能
最终完成。初稿完成后，不必急于修改，间隔数日，再去阅读，会使作者
从初稿的思维定式中摆脱出来，能比较客观地重新审视初稿。修改论文可
以从两个方面着手：一是思想内容，包括文章的论点和材料；二是表现形
式，涉及文章的结构和语言。修改论文要有全局观念，先整体，后局部；
先大处，后小处；先观点，后材料；先内容，后形式。一般需要考虑以下
问题：

（1）控制篇幅。篇幅是文章的空间限定。一般教育学科要求学士论文
10 000 字左右，硕士论文 30 000 字左右，博士论文 80 000 字左右。一般期
刊对研究论文的字数要求 5 000 字左右。有了文章字数的规定，论文的修
改、文章的结构安排就有一个参照的标准。通常文章以明确、简短为好。
初稿内容常常比较繁杂，需要在修改时将多余的内容删去，将水分挤干，
把文章的篇幅控制在论文性质和期刊要求之内。

（2）修正论点。论点是研究论文的核心，决定着论文的水平和价
值。一篇好的研究论文要求论点明确、严谨，做到纲举目张。因此修改
论文要从审定中心论点入手，看论点的排列是否科学，论点之间的关系

是否合乎事理，合乎逻辑。论点错误的要修正，论点片面的要补充，论点模糊的要澄清，论点庞杂的要删减，论点肤浅的要深化，论点陈旧的要更新。

（3）调整结构。论文结构是内容的组织框架，是作者研究思路的表现形式。修改论文的结构就是对论文的"顺序"进行调整，看全文结构是否完整，论文各要素是否齐备，论证层次展开是否清楚，各部分的过渡、衔接是否合理、自然等。如果全篇结构欠妥，则需要动大手术，另起炉灶，重新组合；如果局部结构不佳，则需要进行相应的调整和修改。

（4）增减材料。材料是论点得以成立的基础。研究论文要求材料与论点和谐统一，因此如何选择材料和运用材料至关重要。增减材料的基本要求是：所用材料能证明观点和表现主题；材料要真实可靠、材料的引用要恰如其分；所选材料要有典型性，所用材料要新鲜。当材料与论点联系不紧密时，要舍得割爱，不要吝惜。

（5）推敲语言。推敲语言是对论文语言文字的加工锻炼。语言文字的精炼与否直接影响论文内容的表达，语言文字的修改主要集中在文字的准确性和可读性上。对于字词的修改，必须字斟句酌；对于句段的修改，要注意句子间的逻辑关系；对于标点符号和书写格式的修改，要做到准确无误，符合规范；对于那些大话、空话、套话，要毫不留情地删掉。

（6）核对注释。注释是索引资料的来源和出处，是论文的有机组成部分，是论文科学价值的重要标准。在修改时，一定要对照原文核对注释，逐字校对，避免出现遗漏或错误。

三、 教育研究报告撰写的主要类型

（一） 教育调查报告

教育调查报告是在一定教育思想的指导下，在对某种教育现象调查之后，对待教育调查材料通过整理、分析而形成的有事实、有分析、有理论观点的文章。① 调查报告一般由题目、前言、正文、结论和建议、附录五部分构成。

1. 题目

调查报告的题目一般用简练、确切、鲜明的一句话点题，反映研究的主要问题。常用的写法有 3 种：一是用调查对象和调查的问题作为题目。如"高校教师对教学督导的认识与期望的调查研究"。② 这种写法往往用于一般性的调查报告。二是用一定的判断或评价主题，并通过增加副标题的方式对主标题进行补充，用来说明在什么范围内基于什么问题的调查。如"从根本上解决农村初中学生流失问题——云南省楚雄市农村综合初中改革个案的调查与思考"。③ 这种写法往往带有研究者的倾向性态度。三是用提问作为标题。如"中学生离经典名著有多远——中学生课外阅读调查研究"。④该种写法常用于揭露问题的调查报告。

2. 前言

调查报告的前言一般要交代清楚调查的背景、目的、意义、任务和方法。首先，简要说明调查的是什么问题，调查此问题的缘由和背景，主要调查的内容是什么，国内外对这个问题的研究概况以及此次调查的意义和价值。然后，要说明调查的基本情况，包括调查的时间、地点、对象、范围、取样以及调查的方式方法。最后，对此次调查的有利因素和不利因素做简单分析。前言部分起提纲挈领的作用，使读者把握调查报告的主要宗旨和基本精神，了解调查工作的历史条件。因此，前言要写得简明扼要，紧扣主题，既要突出中心，又要考虑适合正文的需要，为展开正文提供基础与方便。

---

① 梁永平，张奎明. 教育研究方法 ［M］. 济南：山东人民出版社，2008.
② 姚相全，周东明. 高校教师对教学督导的认识与期望的调查研究 ［J］. 教育研究与实验，2011（5）.
③ 张洁. 从根本上解决农村初中学生流失问题 ［J］. 中国教育学刊，2005（2）.
④ 郑惠生. 中学生离经典名著有多远 ［N］. 内蒙古师范大学学报，2005-12.

3. 正文

正文部分是调查报告的主体部分。在这部分内容中，要把调查中所收集到的材料通过叙述、图表、统计数字等形式展现出来，并运用这些材料进行分析和推理，有条理地、准确地把主要调查内容展现出来。正文内容的阐述方式多种多样，通常有两种不同的写法。

一种是纵式写法，即先展示调查的基本事实或情况，然后对这些基本事实所反映的问题进行分析。这种结构可以使读者对调查所获得的材料有一个整体的认识。在此基础上，从不同的角度对这些材料反映的问题有进一步的认识。如调查报告"高中生的大学升学抱负和升学选择"，就是采用这种写法。作者先对高中生的升学抱负及他们从小学到高中阶段和大学升学抱负的变化情况进行了描述和分析，然后分析了"升学选择的影响因素"和"升学抱负变化的影响因素"。这种写法对调查结果的分析可以是对该问题的原因进行分析，也可以是对该问题的发展趋势进行分析。

另一种是横式写法，即把教育调查的基本情况和形成的观点分成并列的几个部分或方面来写。这种写法是从调查所获得的材料中提炼出若干问题，运用调查的材料来阐述作者对于一些问题的认识。运用这种写法，问题能够得以展开，论述较为集中，而且条理清楚，观点突出，可以明确地表述作者对这些问题的看法。如在《农村家庭户主教育程度对家庭生活影响的调查与分析》中，① 就是采取这种方法叙述的。在说明了农村居民家庭户主的一般情况之后，作者分 4 个主题论述了调查的结果：一是农村居民家庭户主的教育程度对家庭经济收入的影响；二是农村居民家庭户主的教育程度对家庭教育支出的影响；三是农村居民家庭户主的教育程度对子女受教育的影响；四是农村居民家庭户主的教育程度对家庭人口计划生育的影

---

① 周逸先，崔玉平. 农村家庭户主教育程度对家庭生活影响的调查与分析 [J]. 清华大学教育研究，2000（2）.

响。从这几个方面可以比较清楚地了解农村家庭户主教育程度对家庭生活的影响。

4. 结论和建议

在对整个调查内容进行总体的定性、定量分析的基础上，概括出事物的内在联系和规律，并提出新的见解、新的理论和参考意见。无论是验证已有的理论，还是为寻求新的理论，抑或是为实用目的而寻找解决问题的办法，向实际工作部门提供参考意见、改革方案，其结论都必须客观、真实。提出的观点、建议要谨慎、严肃，观点要从事实中引出，同时要考虑其他社会因素的影响，要全面衡量理论或建议的合理性和可行性，不要轻率地下结论和提建议。

5. 附录

附录是把调查工具或部分原始材料附在报告后面，可以使正文的内容更加集中，同时也为读者提供可供分析的原始资料。这样做可以让人分析鉴定收集材料的方法是否科学，材料是否可靠，并供其他的研究人员参考。

（二）　教育实验报告

在各种教育研究成果表述方式中，教育实验报告属于"用事实来说明问题"的成果表述类型。因此，分析论证要以事实为依据，这也是撰写教育实验报告的基本要求。要根据事实科学客观地呈现实验过程，并用事实合理地解释结果，不能离开事实做空泛议论，也不能在缺失某些事实材料时做主观臆断，更不能歪曲事实，将结论随意夸大或缩小。一份完整的实验报告通常具有基本的格式和规范要求，便于将内容详尽、系统、有序地表现出来，增强研究的科学性和准确性。

一份完整的教育实验报告一般包括题目、引言、研究方法、实验结果、实验结论与讨论、参考文献和附录等部分。

1. 题目

教育实验报告的题目是报告的主题思想，必须准确、清楚、简练、具体地呈现出研究的主要问题。因此，报告的题目要限制在研究的范围内，不能脱离研究的内容。一般来说，实验报告题目对实验主题的反映可以有两种基本表述方式：

（1）明确指明主要实验变量的直接点题方式。这里又分为以下几种情况：

①指明主要实验变量和反应变量。如《珠心算教育与儿童智力开发实验研究》《自尊与自我表现对记忆影响的实验研究》。

②不仅指明主要实验变量，而且指明反应变量及二者间的关系。如《解题思维策略训练提高学生解题能力的实验研究报告》这一题目明确指明了实验变量即解题思维策略训练，反应变量即解题能力，二者关系是互相提高促进的。

③只明确指明主要实验变量。如《集中识字—大量阅读—分步习作实验报告》《语文情境教学实验报告》等，这类题目均明确地显示了实验所要操纵的主要实验变量。

（2）只指出因变量的非直接点题方式。这是许多形成性实验，特别是学校自发开展的教育实验比较普遍采用的表述方式，如《学生反思学习实验报告》《提高中学生数学自学能力的实验报告》等。

2. 引言

这部分主要包括以下几个问题：

首先，提出问题，表明研究的目的，即为什么要开展该项实验，一般从问题产生的现实背景及需求出发。卢仲衡先生主持开展的《中学数学自学辅导实验》针对为什么要开展自学辅导实验的问题，从理论与实践两个方面提出问题：在理论上，长期统治教学领域的传统的教学目的论，突出强调知识的传授和技能的训练，却忽视能力的培养；在实践上，传统的教学组织形式，即班级授课制愈益表现出不能因材施教，无法调动学生的主动积极性等弊端，从而使学生学到的知识脱离实际，并出现师生关系对立等问题。由此可见，实验的问题，即向传统的教学目的论与传统的教学组织形式提出挑战，便显得极有针对性，并具有重大意义。

其次，说明选题的依据、课题的价值和意义。提出问题，表明研究目的，实际上只是指明了课题研究的方向，它还不是具体的课题。具体的课题还得通过将所要解决的问题提炼转化为研究问题才能真正形成。

再次，说明目前在这方面的研究成果及其所达到的水平、存在的问题，以及还有哪些问题尚未解决、本课题将在哪些方面有所突破等情况。这部分内容是为了表明所开展的实验是在什么起点上进行的，有哪些创新意义。

最后，说明本实验所要解决的问题及研究的理论框架或工作模型。这是前言部分的重点之一，其中所要解决的问题，即实验的具体目标。理论框架或工作模型，即实验的基本思路，对确证性实验而言，即理论假说，对形成性实验而言，即工作假说或工作模型。

3. 研究方法

研究方法是教育实验报告的重要组成部分。研究方法的介绍，至少有 5 个方面的功能：

（1）对实验课题中出现的主要概念的定义和阐述。

（2）实验设计，说明采取什么样的实验设计方式以及变量确定条件控制。

（3）实验对象的条件、数量、取样方式。

（4）研究时间或周期。

（5）实验的操作程序，主要包括：实验变量的操作措施、实验条件的控制措施、如何排除无关变量的影响，以及实验步骤的具体安排等。

4. 实验结果

实验结果是教育实验报告的重点内容。这一部分要通过呈现实验事实来说明实验的效果。基本内容包括：

（1）列举以原始资料为依据整理所得的统计图表等数量资料和经过归

纳的定性资料。

（2）用逻辑的或统计的技术手段，得出实验的最终结果或结论。

（3）简要说明每一结果与实验假说的关系。

5. 实验结论与讨论

结论与讨论的主要区别在于：结论是根据实验结果所做出的证实或否定什么问题的客观说明。讨论则是研究者对实验结果的主观认识与分析，其作用在于从理论上加深对研究结果的认识，为实验结论提供理论依据，并对实验结果中不够完善之处做补充说明，对实验本身的局限性进行深入探讨，从而指明实验成果的可靠程度和适用范围，以及需要进一步研究的问题。

6. 参考文献和附录

实验报告的末尾，应注明报告中所直接提到或引用的文献资料的来源。附录是实验过程中所积累的必要的原始资料，如调查问卷、实验数据等。

（三）学术论文

学术论文是指对教育领域的某个问题，通过某种方法进行科学的探索和思考而写成的以论述为主的文章。一般学术论文可分为投稿论文和学位论文。前者的目的是投寄到有关报刊报表，文章字数根据投稿刊物的要求而定，一般在三五千字左右，不宜超过一万字。后者的目的是通过论文答辩而取得相应的学位，要求内容完整，论证严谨，一般在三万字以上，多者可达一二十万字。

学术论文的总体特点是学术性。具体表现在以下 3 个方面：

（1）创新性。学术论文在自己研究的范围内，理论上要有所发展，方法上要有所突破。对某一领域问题的研究上表现为对前人成就的补充、完善和发展，或提出了新的见解或新的观点，或运用了新的研究方法，或得出了新的研究结论，或站在新的高度对原有理论做出新的解释和论证，或把分散的材料加以综合系统化，或对今后的研究有所启示。

（2）科学性。论据要确凿，以精确可靠的数据资料为论据。论证要清楚，必须经过严密的逻辑推理进行论证。论述要言之有理，理论观点要清楚明白，有说服力，经得起推敲和验证。

（3）实践性。教育学术论文的最终价值表现为对教育实践的现实意义，能够指导教育实践，而不是为理论而理论。

学术论文按照不同的研究目的可分为 3 种基本类型：①理论探讨性、论证性论文。该类型论文主要是针对教育发展及科学建设需要提出的重要研究课题，运用有关原理，或以大量的观察实验结果为依据，或以丰富的文献资料、现实材料作为基础，通过综合分析剖析现象与本质，推埋论证，从而提出新理论、新看法，或论述自己的研究成果，证明自己的研究论点。②综合论述性论文。该类型论文主要是针对现实中学术界所提出的问题，围绕某一主题进行课题研究。论文从纵向（历史发展）和横向（目前现状）两方面加以系统和综合概括，说明来龙去脉及前人研究情况，分析症结所在，指明进一步探索的方向。综合论述性论文也包括评论商榷性论文，研究者就某一问题、某一著作提出自己的见解，以自己的研究成果支持或批评某一种看法，有针对性地据理阐述自己的论点。③预测性论文。研究者通过调查研究，对某一教育现象进行分析，指出发展的趋势以及预测今后发展的可能。

无论哪一类学术论文，形式规格基本上要遵循"绪论-本论-结论"的逻辑顺序。规范性学术论文的框架结构，一般包括标题、内容摘要和关键词、序言、正文、结论与讨论、引文注释与参考文献 6 个主要部分。

1. 标题

标题是论文内容的高度概括，向读者说明研究的问题及意义。标题形式可以多种多样，可以明确点明题意，也可以不点明题意，仅指出研究的问题、研究的范围，也可用提出问题的方式。

一个好的学术论文题目，一般应符合 3 个方面的要求：一是准确概括论文内容，能反映研究方向、范围和深度；二是文字简练，具有新颖性；三是便于分类，也就是说，不仅使人从题目上能判断研究属于什么学科范畴，而且能抓住该研究课题在这一领域有关问题研究发展过程中的位置及特点。因为，只有把自己的研究放在一定的背景上，纳入一个系统，才能显示出研究课题的重要性。

2. 内容摘要和关键词

正式发表的学术论文，一般应写出论文的摘要。摘要是研究的主要内容与结构的简介。论文摘要一般包括的基本要素有：目的、方法、结果、结论。期刊文章或研究报告写的简短摘要，字数一般为 200 字左右。学术论文的摘要较长，往往在 500～1 000 字为宜，独立成篇。

关键词是反映论文最主要内容的基本术语，是论文的文献检索的标识。每篇论文的关键词数量一般在 3～8 个为宜。

3. 序言

序言（引言、前言、绪论）写在正文之前，用于说明写作的目的、意图及研究方法。序言的具体内容一般包括 3 个方面：一是提出自己所要研究的问题，阐明研究的背景和意义。对该研究课题已有的研究理论的完备性及研究方法的科学性做评判分析，指出已取得的研究成果以及尚待进一步研究的问题，说明自己选择该课题研究的目的、实际原因以及探讨研究的重点。二是简单介绍研究方法和有关研究手段。三是概述研究的基本思路及要取得的预期结果。序言部分的写作要求开宗明义，条理清晰，据理分析。切忌空泛、含糊其辞或言过其实。

4. 正文（论文）

正文是学术论文的主体部分，作者对自己所研究的问题进行系统的阐述、分析和推理。包括论点、论据、论证，是作者研究成果的表现，在整个论文中占有极重要的地位。

自然科学研究论文与社会科学研究论文、基础性研究论文与应用性研究论文，正文部分的表现手法是不同的。自然科学研究论文主要讨论取得成果所用的研究方法以及严谨的研究过程，以事实材料和数据资料说明研究结果的准确性和可靠性。社会科学研究论文更着重于讨论取得研究成果所用的论证手段及所建构的理论观点或体系，观点与材料相结合，通过由表及里、由此及彼的推理论证，显示研究结论的正确性。无论哪种类型的论文都要注意事实材料的可靠性以及理论的运用和逻辑推理，论据要丰富充实，论证要遵循一定逻辑思维的要求，注意主次，抓住本质，分出层次，条理清楚，以体现研究的力量。

5. 结论与讨论

结论是围绕正文（本论）所做的结语，将研究成果进行更高层次的精确概括。对于自然科学研究来说，结论是经过严密的逻辑推理所做出的最后判断；对于社会科学研究来说，结论是论题被充分证明后得出的结果，作者将自己的观点鲜明地阐述出来，并引出新的思考。因此，结论的措辞要严谨，逻辑要严密。

讨论往往用于自然科学的学术论文。讨论是从理论上对研究结果的含义和意义进行分析解释和评价。讨论的内容一般包含以下几个方面：阐明结果是否支持了研究的假设，讨论研究结果的有效性和理论意义、实际意义，指明该研究的局限性以及进一步需要继续探讨的问题。

6. 引文注释与参考文献

科学研究总是在前人或他人已有研究成果的基础上进行的，或理论观点的启迪，或研究方法的借鉴。论文中应列出直接提到的或利用的资料的来源。一是帮助读者了解有关课题的研究历史和已有成就，作为进一步研究的依据；二是尊重他人的研究成果，同时体现作者治学的严谨；三是为别人提供查证的线索，避免由于马虎，转引他人研究观点而产生的误解或不同的理解。注释与参考文献，不仅便于读者了解该领域的研究情况，而且参考文献的多少与质量反映了作者对本课题的历史和现实的研究水平以及作者的科学态度和求实精神。

学位论文是规范性的学术论文，体制规格上要求严格，符合学术论文的基本要求，但论文内容上主要反映高校本科生、研究生经过几年系统的专业学习，进行某方面研究的结果。学位论文是科研成果的直接表达，有较高的学术价值。内容一般包括：标题、摘要、引言和评述、主要内容（理论分析或实验成果）、结果的讨论（总结）、参考文献。学位论文的摘要应是中英文对照。

学士学位论文是大学本科学业期满考核学生学业水平的一次总结性独立作业。目的在于总结学生在校学习期间的某一研究的结果，培养他们具有综合性、创造性地运用所学的全部专业知识和技能解决较为复杂问题的能力，培养学生科研意识，帮助学生掌握写作程序和方法，使他们受到科学研究的基本训练。学士学位论文的撰写带有基础性，要求学生综合运用所学专业知识理论，系统阐述某方面具有一定理论意义和现实意义的具体问题。学术性、创造性方面不做过高要求，但论点要鲜明，有自己的独到见解，论据充足，论文体制要完整。

参 考 文 献

蔡其勇，2014. 教育研究方法基础 [M]. 长春：东北师范大学出版社.

陈国庆，诸东涛，周龙军，2018. 教育研究方法 [M]. 武汉：华中师范大学出版社.

陈永明，2006. 基础教育改革案例 [M]. 天津：天津教育出版社.

程从柱，2009. 生态主义视野下的师生关系探析 [J]. 中国教育学刊 (12)：27-29.

侯怀银，2009. 教育研究方法 [M]. 北京：高等教育出版社.

华国栋，2001. 教育研究方法 [M]. 南京：南京大学出版社.

华国栋，2005. 教育研究方法 [M]. 南京：南京大学出版社.

江新华，陈新松，2004. 学术道德的本质初探 [J]. 理论月刊 (2)：68-69.

靳玉乐，张家军，2008. 加强基础研究推进教育研究创新 [J]. 教育研究 (12)：25-27.

李倡平，2010. 教育研究的理论与实践 [M]. 上海：上海交通大学出版社.

李三福，2010. 教育研究评价论 [M]. 长沙：湖南科学技术出版社.

刘自成，袁贵仁，2012. 教育改革典型案例 [M]. 北京：人民教育出版社.

卢家楣，2012. 教育研究方法 [M]. 上海：上海教育出版社.

宁虹，2010. 教育研究导论 [M]. 北京：北京师范大学出版社.

全国教育研究规划领导小组办公室，2004. 中国教育研究规划回顾与展望 [M]. 北京：
    教育研究出版社.

全国教育研究规划领导小组办公室，2008. 全国教育研究学科发展报告 [M]. 北京：教
    育研究出版社.

任质彬，2006. 课改背景下县区教研室职能操作与管理手册 [M]. 海口：海南出版社.

田学红，2006. 教育研究方法指导 [M]. 杭州：浙江大学出版社.

汪丞中，2005. 日中小学教师流动之比较及启示 [J]. 比较教育研究 (11)：67-71.

王铁军，2005. 中小学教育研究及应用 [M]. 南京：南京师范大学出版社.

王庭照，2016. 教育研究方法 [M]. 西安：陕西师范大学出版社.

温忠麟，2004. 教育研究方法基础 [M]. 北京：高等教育出版社.

谢俊，2008. 论学术自由视野下的学术道德 [J]. 高教探索（6）：55-58，69.

杨小微，2005. 教育研究的原理与方法 [M]. 上海：华东师范大学出版社.

杨小微，2010. 教育研究的原理与方法 [M]. 上海：华东师范大学出版社.

杨晓萍，2006. 教育研究方法 [M]. 重庆：西南师范大学出版社.

郑金洲，2003. 中小学教育研究指导丛书——怎样撰写研究报告 [M]. 北京：教育研究
　出版社.

郑金洲，2004. 学校教育研究方法 [M]. 北京：教育研究出版社.

周东明，熊淳，邓猛，等，2012. 教育研究方法基础 [M]. 武汉：华中师范大学出版社.

周露阳，2006. 学术论文的创新途径：基于创新因素的分析 [J]. 科技管理研究（8）：
　194-196.

图书在版编目（CIP）数据

教育研究基础理论与案例分析 / 韩颖主编 . —北京：
中国农业出版社，2023.5
ISBN 978 - 7 - 109 - 30714 - 8

Ⅰ．①教… Ⅱ．①韩… Ⅲ．①教育研究 Ⅳ.
①G40 - 03

中国国家版本馆 CIP 数据核字（2023）第 086199 号

教育研究基础理论与案例分析
JIAOYU YANJIU JICHU LILUN YU ANLI FENXI

中国农业出版社出版
地址：北京市朝阳区麦子店街 18 号楼
邮编：100125
责任编辑：周益平　文字编辑：李海锋　刘金华
版式设计：杨　婧　责任校对：吴丽婷
印刷：北京中兴印刷有限公司
版次：2023 年 5 月第 1 版
印次：2023 年 5 月北京第 1 次印刷
发行：新华书店北京发行所
开本：700mm×1000mm　1/16
印张：13.25
字数：180 千字
定价：68.00 元